SOLO LA VERITÀ
LO GIURO

ANTONIO PADELLARO

SOLO LA VERITÀ LO GIURO

Giornalisti Artisti Pagliacci

PIEMME

Pubblicato per

PIEMME

da Mondadori Libri S.p.A.

ISBN 978-88-566-9579-3

I Edizione maggio 2024

Anno 2024-2025-2026 - Edizione 1 2 3 4 5 6 7 8 9 10

A Paola

«Per me il vero sballo» dice Holden Caulfield nel Giovane Holden *«è un libro che quando hai finito di leggerlo vorresti che chi l'ha scritto fosse un tuo grandissimo amico da poterlo chiamare al telefono ogni volta che vuoi.»*

«Un libro non si pubblica se chi lo ha scritto non ha un volto noto o, perlomeno, un nemico famoso. Trovatevi un nemico famoso che parli male di voi e del vostro libro, il vostro valore aumenterà.»

HONORÉ DE BALZAC,
Le illusioni perdute

1

Accompagnato alla porta

Eccomi, solo nella notte del giornale, del mio giornale che domani, 13 gennaio 2015, non sarà più mio. Lo abbandono nella buona sorte (con quella cattiva se la vedrà qualcun altro), visto che vendiamo ancora settantamila copie al giorno e in questi sei anni sono stati distribuiti agli azionisti, me compreso, dividendi più che sostanziosi. Rimango nella penombra di un luogo molto vissuto che lascia intatti gli oggetti e li sfiora con il riverbero di Roma oltre le finestre del quartiere Prati, dei tasti luminescenti dei telefoni e, sullo stipite della porta, del filamento rosa della luce d'emergenza. Mi muovo tra scrivanie che raccontano il caos delle nostre esistenze affastellate, disastrate, dove non si butta via niente. Gli amori finiti ma conservati per stato di necessità, insieme alle pile di libri che nessuno sfoglierà più, alle copie di giornali irranciditi e a troppa carta inutile. Torno alla mia scrivania, accendo il computer e sullo schermo lampeggia l'immagine ancora frantumata che sta per decidere, forse all'alba, un destino a noi ignoto. Gli altri ne sanno quanto me ma preferiscono non pensarci e a quest'ora, avvinazzati in qualche bettola fuori orario, godranno garruli come bimbetti per un titolo che domani la concorrenza non avrà in pagina, ma di cui nell'universo ci accorgeremo solo noi, membri di diritto della confraternita degli spostati.

Se davvero avete voglia di sentire questa storia mi chiamo Antonio Padellaro e per un ventennio ho lavorato al *Corriere della Sera*. Poi, un giorno, fui accompagnato alla porta perché (così mi fu riferito) non abbastanza craxiano. All'*Espresso*, un direttore gentilissimo, Giulio Anselmi cominciò a chiedermi (con squisita cortesia) che cosa aspettavo a trasferirmi all'*Unità* e quando avrei liberato la scrivania per fare posto al giovane e promettente Marco Damilano. Da direttore dell'*Unità* fui accompagnato alla porta perché (così mi fu spiegato) non abbastanza veltroniano. Creai allora un giornale, *Il Fatto Quotidiano*, assieme a Marco Travaglio e ad altri compagni di merende. Convinto che così sarebbe stato più difficile accompagnarmi alla porta. Anche quando non sarò più direttore resterò azionista del giornale e dovrei, nel caso, darmi una pedata da solo (mai dire mai). Non soffro di vittimismo e tanto meno mi considero, ci mancherebbe altro, un martire della libertà di stampa. Anzi, a volte mi viene da pensare che ci sia stato qualcosa che abbia mal funzionato nel mio essere giornalista se, a un dato momento, c'era sempre qualcuno che voleva liberarsi di me. Bene, se non avete niente di speciale da fare provate a seguirmi in un posto dove, lo spero, non vi annoierete. Dovete sapere che i giornali contengono giornalisti che a cena degustano in allegra compagnia biscottini intinti nel dolce sapore delle disgrazie altrui, e si scambiano notizie che nessuno mai pubblicherà. Come nei party funebri dei film americani dove si brinda in memoria del caro estinto, solo che qui la bara è vuota. Prima fummo dèi, poi semidèi, grandi fighi, grandi amanti, poi la decadenza, l'irrilevanza e poi, non manca molto, saremo feccia, relitti umani, parassiti. Quando l'ultima ribattuta è andata, i pezzi già inghiottiti dalle rotative e tu non puoi farci niente – ohi, devo cambiare solo l'attacco, roba di un attimo, no, cazzo, abbiamo chiuso – si ordinano pizze e birre, si scarica adrenalina e storie strepitose, più arrapanti ancora se già ascoltate e ribollite. Vi ho mai raccontato di quando Leonardo Sciascia – seduto da Fortunato al Pantheon – nel suo desinare solitario porgeva l'orecchio discreto per carpire dalle nostre vanaglorie, a voce alta, qualche brandello di realtà, per magari costruirci un romanzo? Il pezzo forte – per favore un altro giro di supplì – erano i complotti, le cospirazioni, sangue e merda. Bei tempi, a rivangare ora che la carta è avvolta in sbuffi di una noia mortale e i sopravvissuti alle edicole sopravvissute sfogliano direttamente dalle ultime pagine, pallone, influencer, pettegolezzi assortiti. Almeno così puoi non rischiare di morire di sbadigli, narcotizzato dalle articolesse sui retroscena (figuriamoci) della politica italiana già ampiamente lessata da tg e talk dal giorno prima, Dio che barba, e puoi saltare tranquillamente da pagina venti in poi e non ti perdi niente. Per consolarci non ci resta che il giornalismo per diffusione orale, con lo streaming in diretta vocale, tutto ciò che vorreste sapere e non leggerete mai. Cose da sgabuzzino tipografico tipo quel tale che ogni sera, tornato a casa, costringeva la giovane sposina a sorbirsi la declamazione dell'articolo da lui vergato sullo schianto in tangenziale e il conseguente ingorgo. O, a scelta, il puntuale resoconto di una conferenza sui bassorilievi numidi al Museo Orientale. Fino a che, disperata, la poverina prese l'abitudine di barricarsi nel bagno nel mentre lui scandiva il suo prodigioso parto. Quando un bel giorno il fesso, in assenza di rumori, forzò la porta e dalla finestra spalancata sul cortile constatò che la dolce metà se l'era data giustamente a gambe. Quando eravamo re si apparecchiavano come vendette croccanti le cattiverie più sfiziose su Aldo Moro assassinato dall'ipocrita fronte della fermezza, orchestrato da *Repubblica* su mandato del compromesso storico. O sui presunti (mah) ladrocini di Bettino Craxi che, diciamola tutta, avercene oggi di leader come lui. O su Francesco Cossiga uscito pazzo pur sentendosi il più sano di tutti che spediva in busta, con tanto di timbro quirinalizio *I pugnalatori* di Sciascia (in edizione economica) ai consiglieri di Stato che gli dovevano la cadrega e che, nei suoi lucidi deliri, sospettava di alto tradimento. Ma adesso per favore fate silenzio perché Paolo Graldi ci narra, con voce caricata a triglonicotina, quella volta che andammo dal ministro dei Trasporti Signorile per una storia di mazzette alle Ferrovie e lui teorizzò la necessità della «tangente trasparente», incassata e regolarmente denunciata al fisco, però mi raccomando ragazzi è roba confidenziale, non scrivete una riga, certo puoi contarci e l'indomani si ritrovò tutto spiattellato sul *Corriere* (e Paolo non sa se ridere o tossire e se ne accende un'altra). Come dessert si passa a certe prelibatezze, nomi e cognomi di colleghi (rigorosamente assenti) che leccavano Dc e socialisti, così come i loro discendenti, in un futuro lontano, avrebbero leccato Giorgia Meloni dopo aver leccato Mario Draghi (le belle tradizioni italiane). Forza ragazzi, e che le lingue fremano sul tapis roulant della maldicenza tra calunnie, insinuazioni, denigrazioni. Chi scopa con chi, tanto per gradire. Con le ore piccole e qualche wiskyno per carburare si spara con gli obici contro i mostri sacri. Quella volta che Oriana Fallaci, giovane e già affermata star dell'*Europeo*, spedita a New York dopo una strage di mafiosi a opera di altri mafiosi, affannata dall'urgenza di scrivere, chiese al capo dell'ufficio americano della Rizzoli, uomo di vasta esperienza, di darle una dritta. «Sono stati i giovani turchi» rispose costui alludendo alla spietatezza della nuova generazione di Cosa Nostra arrembante e smaniosa di sostituirsi, con raffiche convincenti, ai Joe Bonanno e ai Lucky Luciano. La prestigiosa firma prese l'informazione alla lettera e fu così che l'autorevole magazine diede un colossale buco alla concorrenza rivelando la (falsa) presa di potere della mafia turca, clamorosa new entry, nel Bronx dominato da italiani e irlandesi. Gli altri inviati furono regolarmente cazziati dai rispettivi direttori ma nessuno osò smentire la bufala data la caratura della collega.

I letti dei giornalisti contengono uomini che si lamentano nel sonno, mentre ripassano il pezzo trasmesso parola per parola e tormentano il cuscino perché, oddio, nel dormiveglia riemerge una parola che non funziona ma non c'è niente da fare perché già il manufatto di carta compresso in voluminosi pacchi viene consegnato alle edicole, è la stampa bellezza. Le donne si svegliano e domandano, con femminile bisogno di sapere: che cosa c'è? E gli uomini dicono: niente, solo un sogno triste. O qualcosa del genere (lo so sembrano le prime righe dell'*Informazione* di Martin Amis ma, come disse, il sommo Truman Capote, a proposito di qualche furtarello: non è un plagio ma pura coincidenza). Quando eravamo sangue e spazzatura c'è chi mi avvertiva: Ciccio, il giornalismo è un mestiere basato sulla chiacchiera, sulla produzione di chiacchiere, non di merce inscatolata e timbrata. Noi ci siamo formati sulla chiacchiera, chiacchieriamo meglio di chiunque altro. Siamo stati una generazione aggressiva e disincantata che, coerente al primato della chiacchiera, ha occupato in massa i giornali. Nella stanza del direttore dell'*Espresso*, quando mancano quattro o cinque anni alla fine del secolo scorso, si chiacchiera intorno a un mestiere che già comincia a perdere colpi. Perso per perso, allora pensiamo a divertirci: il proverbiale cinismo di Claudio Rinaldi, direttore e mente criminale di tutti i più prestigiosi settimanali fissa il primo comandamento dell'informazione strafiga. Il cui peccato mortale sarà quello di allontanarsi dalla chiacchiera lieve, pettegola, biforcuta per imboccare gli impervi e seriosi sentieri dell'impegno e, non mi dire, della denuncia sociale. Osservo mentre lui con la Bic rossa rinvigorisce una dida moscia e io mi do delle arie citando Bordieu: i giornalisti, grosso modo si interessano di ciò che è eccezionale per loro. Vero, dice Claudio, crocifigge con una grossa X una foto superflua e cita Flaubert: bisogna ritrarre bene l'insignificante. Ovvero: se la stampa che conta riesce a trasformare l'insignificante nello straordinario e sorprendente, e in questo modo guadagna perfino lettori, allora vuol dire che ha vinto, almeno, l'ultimo round. Infierisce: guarda che la bella scrittura non c'entra niente, così come l'essere stati autori di grandi reportage e perfino di memorabili scoop. Si resta fuori dal giro per un meccanismo spietato e frivolo e se non ne fai parte e perché non ne fai parte. Un banalissimo gioco degli specchi. Ma ora vattene che ho da fare. Un trentennio dopo mi ritrovo a pestare la stessa acqua limacciosa con la differenza che i lettori scappano a frotte. Claudio non c'è più e con lui se ne è andata l'ultima fatua, geniale idea della chiacchiera. E allora diventa quasi patetico aggirarsi tra i rottami di questo luna park fallito per sempre. Primo. Nessuno legge tanto i giornali come i giornalisti (forse gli ultimi a farlo) che, peraltro, come gli alcolizzati immedesimati nell'alcol, hanno la tendenza a pensare che tutti leggano tutti i giornali. Per sapere cosa scrivere, occorre sapere cosa hanno scritto gli altri: ecco uno dei meccanismi suicidi attraverso i quali tutto diventa la stessa pappa.

Secondo. Nelle riunioni di redazione si passa il

tempo a parlare degli altri giornali, di quello che hanno fatto (cazzo, abbiamo toppato), dei buchi che quei polli hanno preso.

Terzo. Ai giovani scrittori si consiglia: parlate di ciò che conoscete, l'unica esperienza valida e quella personale. Infatti, il giornalista «di qualità» parla e scrive del mondo che conosce e che frequenta (o che ambirebbe). I personaggi più influenti della politica, della finanza, dell'industria, della moda, della cultura, dello spettacolo, dello sport, della televisione, del clero e, ovviamente, della comunicazione. Le sue esperienze personali più interessanti e formative avvengono nelle assemblee parlamentari, nei meeting di partito, nelle riunioni confindustriali, nelle anticamere curiali, nei salotti letterari, nella mondanità che colora e allieta tutto questo ben di Dio. Del resto, cosa dovrebbe scegliere un giovane cronista (realmente ambizioso e non afflitto da perniciosi ideali adolescenziali) se messo di fronte alla secca alternativa? Preferisci occuparti di Elon Musk o dei minatori del Sulcis? Recarti al seguito del premier nelle sue missioni all'estero o riferire del maxi ingorgo ferragostano sulla Napoli-Salerno? Descrivere la festa più sfarzosa della Costa Smeralda o raccontare degli immigrati clandestini, compressi e derelitti nei centri di raccolta in Puglia?

Quarto. «Nelle classi medie, più che altrove, esistere socialmente significa essenzialmente essere notati. Ma il risultato di questa perpetua ricerca di rassicurazione, raramente si può dire completamente soddisfacente. Risiede qui una fonte di frustrazione intensa e di risentimento, una specie di focolaio di patologia di riconoscimento sociale, che si potrebbe definire come sindrome di Madame Bovary. Un'inchiesta sul giornalismo di base fornisce eloquenti dimostrazioni di questo rapporto ambiguo di dominanti/dominati, al contempo incantato ed esasperato, amorevole, dubbioso» (Alain Accardo). O se preferite. «All'improvviso era solo in questo rumoroso alveare senza un posto su cui appollaiarsi. Solo! Divenne pienamente cosciente che ormai l'intero ricevimento era composto da crocchi e mazzi. Non essere incluso in quelli significava un totale fallimento mondano.» Il reporter Fallow, di Tom Wolfe, nel *Falò delle vanità*, incarna la nevrosi del giornalismo rampante, smanioso di affrescare un ambiente altolocato, pur di frequentarlo. E che, una volta ammesso nel salotto giusto, è costretto a occultare la propria inadeguatezza come il calzino bucato dentro una smagliante calzatura. Ormai (allora), nelle scuole di giornalismo più che la tecnica del pastone politico o del reportage di guerra bisognava insegnare come si trascrive il menu delle cene di potere. Apparecchiate in residenze sempre, naturalmente, «fastose». Meglio se «incastonate tra i Sette colli dove sorseggiando brunello e champagne», «digerendo inciuci e assaporando intese» si fa salotto. Come quello «odoroso di forno a legna», frequentato da «teste famose e succulente mozzarelle» del noto avvocato e della sua signora, «maestra di impasti, spume e signorilità». Lui, «un elegante cinquantenne, tenero nonno, tra i primi cinque contribuenti della capitale», non esita, quando riceve a casa, a indossare «perfino la parannanza del pizzaiuolo». Segue descrizione del patron «che informa e sforna una tonda alla volta ("So anche lanciarle in aria"), del diametro di quasi mezzo metro» che la sua lady «pone bollenti su un grande piatto e taglia a spicchi con apposite forbici». Nell'attesa, «sul tavolo ovale di legno nella sala da pranzo attigua, si spizzicano focacce bianche in mozzarelle di bufala, si tagliano sottili fette di mortadella e si beve rigorosamente schiuma e bollicine. Mentre Nancy, l'operosa filippina, toglie i posacenere sporchi e porta bionde o scure gelate». Il tutto alla presenza di ospiti illustri, stampati tassativamente in neretto, in modo che non si confondano tra una ricetta della pizza amatriciana e quella napoletana che «un attimo prima di servirla si rispolvera con una pioggia leggera di parmigiano grattugiato, un pizzico di sale e un filo gentile di olio a crudo». Questo accadeva quando eravamo frivoli e vendevamo un botto di copie.

Appartengo (appartenevo) a una generazione (giornalistica, politica, e comunque contigua al potere) di «cinquantenni giovanissimi, eterni adolescenti» che «amano la protrazione e l'indecisione», riluttanti a operare scelte precise, e che hanno come regola di vita: «non dire mai sì e mai no» (Pietro Citati). Molti di noi, pur se provenendo da ambienti ed esperienze diversi, sono rimasti orfani troppo presto per scelta suicida e consapevole (perché consideravano il proprio genitore inadeguato o troppo invadente o troppo importante); e che, una volta tagliati i ponti alle spalle, hanno trascorso il resto della loro esistenza alla ricerca di un padre, non da amare o da ascoltare, ma a cui sottomettersi confessando: sì, maledizione, avevi ragione tu. Un padreterno che di volta in volta ha assunto le sembianze politiche dell'indottrinamento di turno, maoista o trotzkista, all'epoca del '68. O del segretario moralista del Pci, dieci anni dopo. O, nei favolosi anni Ottanta, di Bettino Craxi, l'omone degli incubi psicanalitici della sinistra. Quando Claudio Magris osserva la mutazione di molti ex barricadieri della fine degli anni Sessanta o degli anni Settanta, diventati oggi «aggressivi esponenti della destra, o soddisfatti uomini dell'establishment che, a seconda delle fortune elettorali, è ora di centrodestra ora di centrosinistra ora non si sa bene di che cosa», coglie il lato opportunistico della faccenda, ma non ancora quello emotivo. Perché molti di quei personaggi che hanno cambiato barricata, senza pagare dazio e con la pretesa, anzi, di avere avuto, ieri come oggi, sempre ragione, spesso non sono semplicemente dei volgari voltagabbana. È come se in questo febbrile girovagare cercassero la figura dominante di cui si sono troppo presto privati, il paladino delle loro esistenze, il rifugio delle loro paure e dei loro peccati. Vagano, come anime in pena di crocchio in crocchio, o da un giornale all'altro, là dove ritengono che regni il leggendario uomo forte, per recitare prostrati il *padre nostro* dei nostri tempi. Venga il tuo regno, sia fatta la tua volontà ma dacci oggi e sempre, benessere, visibilità, audience, certezze granitiche sulla pochezza dei nostri avversari.

Liberaci, insomma dal male, soprattutto da quello sfigato. E dal pensiero di avere sbagliato tutto nella vita. Amen. Scrive Philip Roth che «se la tua non è una famiglia disastrata, al momento giusto i tuoi ti lasciano andare, perché sei pronto a cominciare a essere un uomo, pronto, cioè, a scegliere nuove fedeltà e nuove affiliazioni, pronto a scegliere i genitori della tua maggiore età, i genitori scelti che, poiché non ti si chiede di colmarli del tuo amore, amerai o non amerai, come ti aggrada». Per molti italiani, e non soltanto per i tediosi orfani del '68, la brama di affiliazione e di fedeltà trovò il suo approdo. La figura paterna (e materna) di Silvio Berlusconi si ergeva maestosa e indulgente sulle loro e sulle nostre esistenze. Egli ci chiedeva di seguirlo, ubbidirlo e di colmarlo del nostro amore. Lo chiedeva a fedeli e affiliati, e a chi, strenuamente, furiosamente, vanamente lo combatteva (per sentirsi un po' come lui). Lo chiese perfino al capitano Achab che cercava di affondare il rampone nelle sue carni. Sì, è stata *anche* una questione personale. Per quasi sette anni, a bordo del brigantino *Espresso* – e poi *L'Unità* e poi *Il Fatto Quotidiano* – Berlusconi è stata la nostra assillante, monomaniacale, fantastica, irripetibile Balena Bianca.

2

Resa dei conti

Tutto comincia il 7 gennaio 2015: nelle stanze parigine di Charlie Hebdo, *ferito a morte, rimangono a terra i corpi di dodici giornalisti più quelli di altre undici persone, molte in fin di vita. In via Valadier viviamo momenti elettrici e confusi: oltre a dare conto ai nostri lettori dell'orrore che ci ha coinvolti, dobbiamo fare qualcosa. Ma cosa? In quelle stesse ore apprendiamo che i superstiti di rue Nicolas Appert preparano un numero speciale della rivista che andrà in stampa il mercoledì successivo. E se lo allegassimo al* Fatto? *Non sarebbe una strepitosa testimonianza della nostra solidarietà al posto del profluvio di inutili parole nel quale già annaspiamo? È una scossa che riempie di strane sensazioni. Nelle nostre teste, all'orrore per la strage, si sovrappone l'eccitazione per il colpo giornalistico a portata di mano. Ci eccita anche, inutile girarci attorno, un retropensiero: venderemo un mucchio di copie. È il cinismo incorporato in chi fa questo mestiere: chi lo nega è un ipocrita. Soffochiamo i cattivi pensieri con un ammorbidente politicamente corretto: devolvere alle famiglie delle vittime i soldi incassati con le copie vendute in più. È trascorsa una settimana e in questa ultima notte mi agita un tardivo rimorso: ho fatto una cazzata? Forse, abbiamo scatenato le forze primordiali della paura e in questa apnea sofferente decido che mi darà conforto mettere nero su bianco tutto ciò che è stato. Un* Confiteor *il più possibile sincero, tutta la verità, solo la verità, lo giuro. La resa dei conti non mi coglierà impreparato. Quando sarà.*

La mia prima cacciata fu anche la più bizzarra. Siamo al *Corriere*, verso la fine del millennio: il giornalone versa in crisi di vendite e la nuova proprietà degli Agnelli chiama alla direzione di via Solferino Ugo Stille che, a sua volta, mi nomina capo dell'Ufficio romano di corrispondenza. Stille, storica voce dall'America è un personaggio a suo modo geniale, dalla simpatia contagiosa. Ha un paio di regole a cui non viene meno. Primo, quando scende in visita a Roma si fa accompagnare da Barbara Palombelli in una rosticceria di via della Mercede, famosa per la fragranza dei supplì di cui egli è ghiotto. Secondo, non apre mai la corrispondenza se avverte odore di grane. In materia possiede uno sviluppato sesto senso. Decido di lasciare il *Corriere* per *L'Espresso* e in una lettera gli spiego, con il cuore spezzato, che mi sento costretto a questo passo soprattutto a causa degli attacchi craxiani da cui non mi sento abbastanza tutelato. Quando, trascorse un paio di settimane, mi reco a Milano per congedarmi, Stille cade, o fa finta di cadere, dalle nuvole giurando di non avere mai ricevuto alcuna missiva a mia firma. Resto convinto che subodorando qualcosa di spiacevole, quella busta se la sia prudentemente tenuta in tasca, forse senza neppure aprirla. E che, in un modo o nell'altro, mi abbia detto la verità. Senza dirmela.

All'*Unità*, i miei contrasti con la dirigenza dei Ds, o meglio, con Piero Fassino, che era il segretario del tempo, nascevano inevitabilmente dalla rubrica quotidiana di Marco Travaglio, «Bananas», dedicata alle gesta dell'arrembante Silvio Berlusconi. Ogni qualvolta Travaglio scriveva qualcosa contro Berlusconi, non in linea con qualche inciucio della sinistra, il mattino successivo, cascasse il mondo, squillava il telefono e un'apprensiva voce femminile scandiva il mio incombente destino: «Ti passo Fassino». All'inizio, non conoscendo il metabolismo fassiniano, mi sottoponevo a penose conversazioni nel corso delle quali il leader della sinistra italiana diceva le cose più sgradevoli sulla mia direzione. Schiacciato dal peso della colpa che mi ero assunto nei confronti delle masse lavoratrici e dei ceti più deboli, non proferivo parola. Poi, appresi che Fassino soffriva di pressione bassa. Quindi, appena risvegliatosi dal sonno del giusto, egli univa all'umor nero da ipotensione mattutina l'incazzatura per le ribalderie di Marco. Miscela esplosiva di cui facevo io le spese. Escogitai un banale stratagemma. Ogniqualvolta il Fassino furioso si appalesava, comunicavo che al momento non potevo rispondere e che lo avrei richiamato. Infatti, era ciò che facevo nel pomeriggio inoltrato quando ero sicuro che la pressione si fosse ristabilita su valori accettabili. In genere, Piero rispondeva dimentico del motivo che lo aveva scatenato di buon mattino.

Manifestava, anzi, una certa cordialità e alle volte si informava perfino sul mio stato di salute. Ricordava il milionario di *Luci della città* che di notte, ubriaco, abbracciava il vagabondo Charlot e di giorno, ritornato sobrio, lo maltrattava. Dai e dai, però, il giochino non ha retto più finché un Fassino con la pressione regolare mi ordinò senza tanti preamboli: «Devi cacciare Travaglio». Replicai con una delle poche frasi di cui vado orgoglioso: «Fai una cosa più semplice, caccia me, così nomini un altro direttore che poi caccia Travaglio». E nel mentre lo dicevo sogghignavo: col cavolo che ti faccio 'sto favore.

Infatti, consapevole del casino che ne sarebbe nato non ci provò più. Sono stato allevato, come papa Bergoglio e Mario Draghi, da quei figli di buona donna dei padri gesuiti. Che in materia battono tre a zero i salesiani da cui Fassino era stato allevato (ma pure Travaglio). Del resto, non sono pochi quelli di sinistra che sono andati a scuola dai preti. La sinistra è stata incubata dai preti (ho detto *incubata*, eh). A eccezione di Massimo D'Alema, cresciuto in qualche gulag siberiano. Pure lui detestava Travaglio ma non ha mai telefonato per protestare. Forse perché quando Marco era invitato alle feste dell'*Unità* riscuoteva grande successo e riempiva i tendoni. I militanti lo adoravano proprio per i suoi interventi caustici, irriverenti. Al contrario del ceto politico che non ne voleva sapere. Smisero di chiamarlo quando scrisse che la sinistra era entrata a Palazzo Chigi con le pezze al culo e ne era uscita indossando calzature di pregio. Nel mio caso era diverso. Come direttore dell'*Unità* l'invito alle feste era quasi obbligatorio. Poi, un giorno, in un'intervista confessai che non avevo mai votato per gli eredi del Pci. La cosa creò un certo scompiglio ma per fortuna nessuno approfondì, altrimenti sarebbe uscito fuori che il mio voto lo avevo dato a quel semolino sciapo del fronte laico. Ai repubblicani e, una volta, perfino al Garofano di Bettino Craxi. Questo me lo tenni per me altrimenti mi avrebbero cacciato su due piedi. Mi cacciarono lo stesso, tempo un annetto. Dopo aver cacciato Furio Colombo che aveva risollevato le sorti di un giornale fallito e senza più lettori. Quando facemmo il nostro ingresso nella redazione di via Due Macelli, lui direttore e io condirettore, trovammo solo macerie. Telefoni scollegati, polvere, cartacce, libri gettati sul pavimento. Sul momento avemmo la sensazione di una impresa impossibile. Cominciammo a convocare i redattori spediti in cassa integrazione. Chiedemmo se erano disposti a tornare aspettandoci un coro riconoscente di sì. Invece furono in parecchi a dirci grazie, abbiamo già dato. I più si dichiaravano delusi, oppure avevano trovato altre occupazioni: c'era perfino chi sosteneva di aver cambiato idee politiche. Iniziammo a fare il giornale affidandoci a dei volontari. Funzionò. Imperdibili erano le riunioni di mezzogiorno quando Furio raccontava, a puntate, la storia della sua vita: un autentico show. Aveva conosciuto tutti. Quattro o cinque presidenti degli Stati Uniti, grandi scrittori, stelle dello spettacolo. Estraeva dal cilindro delle storie straordinarie del tipo: quando scrivevo i testi per Joan Baez, oppure, quella volta che accompagnai i Beatles in India. Noi che i Beatles li avevamo visti sulle copertine dei dischi ascoltavamo sbalorditi. C'era chi si mostrava incredulo: figuriamoci! Invece era tutto vero. Colombo ha vissuto delle esperienze uniche, straordinarie. Le supera tutte quella dell'aereo precipitato. Lui si trovava a bordo e fu l'unico a salvarsi. Un caso forse senza precedenti nella storia dell'aviazione civile ma era successo veramente. Ne venne fuori un giornale sorprendente che riscosse un vasto successo di pubblico soprattutto perché il direttore scriveva di sé e della sua vita: sapide paginate in cui raccontava le stesse cose con cui ci deliziava. Arrivammo a sfiorare le centomila copie. Alle feste dell'*Unità,* Colombo incantava il pubblico con maestria affabulatrice. Fu cacciato da una proprietà insofferente per la troppa libertà che si era preso rispetto a una sinistra bigotta e trinariciuta. Presi il suo posto ma dopo nemmeno un paio d'anni arrivò un nuovo editore: Renato Soru, il creatore di Tiscali, l'uomo che aveva portato internet in Italia in una dimensione industriale, colui che aveva sbancato la Borsa. Era stato Walter Veltroni, all'apice del successo come demiurgo del Pd, a chiedergli di mettere un bel po' di quattrini per sanare i bilanci della testata che, malgrado il successo nelle edicole, erano appesantiti dal debito pregresso. Sarà l'ex sindaco di Roma a congedarmi tramite intervista al *Corriere della Sera*: annunciava che avrebbe visto di buon occhio alla direzione dell'*Unità* una donna (casualmente aveva già scelto Concita De Gregorio). Poiché non avevo intenzione di cambiare sesso, preparai gli scatoloni. Soru venne a trovarmi perché, così disse, voleva conoscermi di persona. In realtà per cacciarmi meglio. Lui è il classico sardo muto che alterna lunghe pause a profondi silenzi. Voleva accompagnarmi alla porta ma non trovava le parole giuste per farlo. Tergiversava illustrando faraonici progetti di rilancio nei quali, giurava, avrei avuto un ruolo strategico fondamentale. Andammo a prendere un caffè al bar di fronte, seduti a un tavolino tutto diventò più semplice. Gli dissi che consideravo concluso il mio tempo all'*Unità* e che stavo lavorando a un nuovo progetto. Ritrovò miracolosamente la favella e, come sollevato dal nuraghe che gli pesava sullo stomaco, mancò poco che mi stringesse in un abbraccio riconoscente.

Sono le due di notte e mentre cerco faticosamente di mettere in ordine pensieri e parole, frugando in un cassetto trovo una mia vecchia intervista collettiva, coordinata da Claudio Sabelli Fioretti. E che mi risparmia molta fatica.

Come mai sei diventato giornalista?

«Facevo finta di studiare legge. Un giorno chiesi udienza a mio padre, persona all'antica. In gioventù era stato un fervente fascista. *Pelandrone* era un termine da caserma che adoperavano quelli della sua generazione per definire i perdigiorno. Come me. L'esordio fu brusco: hai finito di fare il pelandrone? Sai papà, vorrei dirti una cosa ma prometti di non arrabbiarti. Dimmi, dimmi. Vorrei fare il giornalista. Ci pensò qualche istante poi mi congedò con una frase lapidaria: "Ho capito, va bene, ma dopo che lavoro vuoi fare?" Aveva colto il nocciolo della questione: che cos'era il giornalismo e chi ero io. Mi assecondò e si stupì nell'apprendere che percepivo uno stipendio (la cosa aveva stupito anche me). Non mi pesava fare finta di lavorare. L'unica cosa che detestavo, allora come oggi, era la noia. E all'inizio mi annoiavo parecchio.»

Il giornalismo non è noioso.

«Il giornalismo no, ma molti giornalisti sì. Quelli, per capirci, che consegnano delle sleppe dalle diecimila battute in su convinti che l'autorevolezza dipenda dalla metratura dei pezzi. Senza contare che in genere producono cose pallosissime.»

La gran parte dei giornalisti non sa nemmeno scrivere. Dimenticano perfino le famose cinque W: chi, cosa, quando, dove, perché. Quando qualcuno sostiene che i giornali non si leggono più per colpa di internet rispondo che non si leggono più per colpa dei giornalisti.

«Purtroppo hai ragione. Quando ho cominciato 'sto lavoro mi fu spiegato che la gente leggeva soprattutto la cronaca nera e lo sport. Già allora la politica era solo materia per addetti ai lavori. Mio primo maestro fu un grande cronista, Roberto Martinelli, conosciuto come il principe della cronaca giudiziaria. Ero stato appena assunto all'Ansa e fui spedito a fare il mozzo al Palazzo di Giustizia. Mi affacciai in sala stampa e vidi Martinelli che, in un tavolo da ping-pong adattato unendo un paio di scrivanie, schiacciava con estro la pallina che si perdeva nei corridoi del Palazzaccio. Un ambiente che ricordava il film

Prima pagina, perfino più cazzone. C'erano anche dei tizi impegnati in un torneo di tressette. Pensai: mica male fare il giornalista.»

Roberto Chiodi: *Mi ricordo del tuo arrivo, eri piuttosto stralunato. C'eri quando demmo fuoco a Martinelli che si era barricato in una cabina telefonica?*

«Come potrei dimenticare?»

Avevi provato a imparare il mestiere ma dopo un po' sei scappato.

«Sì, ma qualche anno dopo mi ritrovai con Roberto diventato, nel frattempo, il capo della redazione romana del *Corriere della Sera*. Lui amava intercalare la lingua italiana con l'espressione *vaffanculo*. Una mattina sul presto, era un giorno festivo, Martinelli mi butta giù dal letto strillando al telefono: "Vaffanculo, corri all'Idroscalo di Ostia che hanno ammazzato Pasolini". Balbetto: "Scusa, perché lo chiedi a me che sono l'ultima ruota del carro?" E lui: "Ho provato a chiamare i tuoi colleghi, quei grandi giornalisti, ma uno non risponde, l'altro è andato al mare, ci sei rimasto solo tu e quindi vaffanculo corri a Ostia e scrivi". La descrizione del corpo di Pasolini massacrato fu il mio primo articolo importante.»

Il grande Gino Palumbo una volta mi disse che i giornalisti migliori erano, appunto, i cronisti di nera e gli sportivi perché non era loro consentito prescindere dai fatti, dalle notizie.

«Non nei giornali cosiddetti politici. *L'Unità* usciva con una striminzita pagina sportiva. Ricordo che un'estate, con mezza redazione in ferie, chiesi a un cronista parlamentare di occuparsi dei Mondiali di calcio ma solo per pochi giorni. Lui, correttamente, riportava le formazioni delle squadre, citava il nome dell'arbitro e dei guardialinee, il numero degli spettatori e perfino gli angoli battuti. Che in ogni partita erano invariabilmente quattro. Quando gli chiesi conto della stranezza rispose che in un campo di pallone gli angoli sono sempre e comunque quattro, non si sgarra.»

Sei stato un sessantottino?

«No, nella maniera più assoluta.»

Il tuo sinistrismo allora come nasce?

«Come una specie di reazione avversa. Era l'epoca delle trame nere, anni dominati dalla violenza fascista, c'erano le bombe sui treni, lo stragismo, la P2. Eventi che in me agirono come degli anticorpi: la mia adesione alla sinistra fu quasi automatica. Come si poteva sopportare tutta quella robaccia?»

Il tuo primo scoop, se non sbaglio, riguardò Amintore Fanfani e il referendum sul divorzio.

«Nella primavera del 1974, Piero Ottone, direttore del *Corriere*, mi spedisce a seguire l'allora potente segretario della Dc. A Caltanissetta, Fanfani tiene l'atteso comizio al cinema teatro Moderno. Gremito in ogni ordine di posti. C'erano solo maschi. Tutti o quasi con la coppola d'ordinanza. Sembrava di essere in un film di Pietro Germi. Quando constatò che l'uditorio era cotto a puntino Fanfani cominciò a strillare: "Maledetto divorzio!" Finché, incontenibile, pronuncia la frase memorabile: "Finirà che le vostre mogli scapperanno con le cameriere!" Una cazzata assoluta. Vidi la platea ammutolire, incredula di fronte a quella frase assurda, strampalata. Ci attaccai il pezzo. Ottone si complimentò ma il mio trionfo fu il giorno successivo quando Fortebraccio, il grande corsivista dell'*Unità*, citò il mio articolo con grande rilievo. Ritagliai il corsivo e lo incorniciai. Mi sentivo un giornalista arrivato.»

Torniamo alle tue origini, alla tua famiglia. Che, a quanto si sa, con la sinistra aveva poco a che fare.

«Ebbene sì, provengo da una famiglia compromessa (si dice così) con il famigerato Ventennio. Mio padre, Giuseppe, era il minore di sei fratelli figli di un falegname di Mazzarino, al centro della Sicilia più povera e mafiosa. Un paesone che nel dopoguerra salirà agli onori della cronaca nazionale a seguito di una rivolta contadina sfociata nell'incendio dei palazzi nobiliari ("Ci diedero luce", raccontavano con vivida immagine le mie zie). Sensazionale fu la vicenda dei frati del convento accusati di taglieggiare i contadini della zona, e per questo finiti in galera. Un mondo assolato e sanguigno che si ritrova nei racconti di Vincenzo Consolo. Mio zio Nazareno, il maggiore dei fratelli, otterrà risultati brillanti negli studi, tanto che la famiglia togliendosi il pane di bocca – come si diceva, e si faceva, una volta – lo mandò a Roma per terminare gli studi. Qui, dopo la laurea in pedagogia sarà in qualche modo adottato da Giuseppe Bottai, ministro e gerarca fascista considerato "illuminato": un giudizio calzante se paragonato alle opinioni dominanti dei suoi colleghi in camicia nera. Nominato giovanissimo provveditore agli studi di Roma, zio Nazareno manterrà agli studi i fratelli, facendoli tutti laureare. Compreso mio padre che, volontario in Africa orientale, nel 1943, alla caduta del regime sceglierà di unirsi ai repubblichini di Salò. Sarà assegnato al ministero della Cultura popolare con sede a Venezia. Una scelta che spaccherà la mia famiglia come accaduto in molte altre famiglie italiane, divise tra il rifiuto della dittatura che aveva condotto il Paese al disastro e un malinteso (pur se sincero in alcuni casi) senso dell'onore patrio infangato dal "tradimento" dell'8 settembre.»

Dopo la liberazione tuo padre ebbe dei problemi?

«Insieme al fratello Nazareno furono sottoposti al processo di epurazione per accertare se, da fascisti, avessero commesso delitti contro le persone o altri reati gravi. Ne uscirono senza macchia alcuna ben presto reintegrati nei ruoli della pubblica amministrazione. A Nazareno, nominato direttore generale della Pubblica Istruzione, si deve l'idea di una trasmissione televisiva per alfabetizzare quei milioni di italiani che non sapevano leggere e scrivere o erano diventati analfabeti di ritorno a causa della guerra. Si chiamerà *Non è mai troppo tardi* e grazie al mitico maestro Manzi sarà motivo d'orgoglio per il servizio pubblico radiotelevisivo. Mentre mio padre, ripartito anch'egli dall'ultimo gradino dell'amministrazione, alla metà degli anni Sessanta verrà nominato direttore generale della Proprietà letteraria, artistica e scientifica presso la Presidenza del Consiglio. Un vero e proprio ministero della cultura che avrà tra le altre funzioni quella di aiutare economicamente poeti e scrittori in difficoltà, senza distinzioni politiche. Ricordo che una volta lo accompagnai a casa di Giuseppe Ungaretti al quale consegnò un assegno di sostegno, una somma modesta che per il grande poeta fu come una boccata d'ossigeno. In quegli anni i governi erano saldamente democristiani e, quanto agli intellettuali, appartenevano prevalentemente alla sinistra (la famosa egemonia gramsciana). Le due cose riusciranno a convivere. Quanto alle carriere ministeriali sono la dimostrazione più evidente della continuità tra fascismo e democrazia nei ruoli apicali dello Stato. Una necessità per evitare di sguarnire la burocrazia repubblicana, un processo di pacificazione in qualche modo consacrato dalla amnistia concessa a fascisti e repubblichini voluta dal guardasigilli Palmiro Togliatti.»

Tuo padre resterà fascista?

«Non rinnegare e non rimpiangere: è la frase con cui mi liquida quando gli chiedo dei suoi trascorsi mussoliniani, di cui non parla volentieri. Qualche traccia di quel dna deve essere tuttavia sopravvissuto: ricordo che se c'era bisogno di un bravo medico, di un bravo oculista, di un bravo avvocato i nomi erano sempre quelli. Più tardi scoprirò che erano tutte persone legate dai comuni trascorsi fascisti e che la democrazia, cui si erano pragmaticamente adattati, non aveva cancellato le antiche solidarietà. Una sorta di bonaria organizzazione Odessa, all'italiana.»

A parte il «pelandrone» che rapporto avevi con tuo padre?

«Gli devo molto. Mi ha insegnato a essere autoironico, a non prendermi troppo sul serio. Gli devo i volumi della fornita biblioteca di casa, la tolleranza per le mie derive sinistrorse. Gli devo, soprattutto, la decisiva raccomandazione che mi aprirà le porte del giornalismo, un mestiere dove non si entra, a quanto si sa, per concorso.»

Ammetti dunque di essere stato raccomandato? Riconoscerlo ti fa onore.

«Ti racconto questa. Presento un libro in una cittadina abruzzese. Una ragazza mi chiede cos'è che mi ha spinto a fare il giornalista. La sete di verità? L'impegno sociale? Il bisogno di scrivere, di esprimere le mie emozioni? Rispondo che mi ha spinto la spintarella di mio padre, che era un pezzo grosso. Ovazione del pubblico. Liberatoria. Come se, finalmente, avessi sdoganato una irriducibile consuetudine, a nome di tutti i raccomandati d'Italia. Da allora è un numero che ripeto, sempre con un certo successo. Comunque, la mia prima esperienza rischiò di durare pochissimo. Assunto come articolo zero all'agenzia Ansa vengo convocato dal mitico direttore Sergio Lepri. Mi sventola sotto il naso un *take* da me passato che con un evidente strafalcione colloca il Messico in Sudamerica. Segue gelido cazziatone che si conclude con una frustata allusiva: "è giunto il momento, caro Padellaro, che lei cominci a brillare di luce propria". Un modo elegante per rinfacciarmi la patente di raccomandato col botto.»

Altri incidenti di percorso?

«Qualche mese dopo, trasferito nella sala stampa di Montecitorio, semideserta per le ferie estive, con il compito di "fare la guardia al bidone di benzina", ovvero al nulla, trascorro quelle radiose giornate estive (era il luglio del 1967), girando i pollici e sognando, avevo vent'anni, le spiagge e le ragazze della Versilia. Finché, in un pigro sabato pomeriggio il telefono collegato con l'agenzia per la quale molto teoricamente lavoravo inizia a squillare con frementе insistenza. Mi catapulto per afferrare la cornetta ma vengo preceduto da un cronista di *Paese Sera* il quale annuncia ai pochi disgraziati confinati in quella sudata caienna: "Cercano qualcuno dell'Ansa". Eccomi, grido eccitato per l'occasione che finalmente la sorte mi regala. Ma il bastardo soggiunge: "Cercano qualcuno dell'Ansa, non nessuno".»

Come hai fatto a resistere?

«Non lo so neppure io. A settembre, la mia dedizione alla causa sarà premiata con il trasferimento nella sala stampa di Palazzo Chigi. Dove il mio compito consiste, esclusivamente, nell'annunciare l'orario dell'inizio e della fine del Consiglio dei ministri. È il mio battesimo del fuoco nel rutilante mondo dell'informazione.»

Del Corriere della Sera *cosa non hai dimenticato?*

«Il primo giorno a Milano i nuovi colleghi mi fanno accomodare su una sedia in un angolo del mitico "tavolo Albertini", dal nome dello storico direttore. Il capo servizio – che quando il brusio della redazione supera il consentito, fa toc toc con un righello sulla scrivania – mi incarica di titolare la notizia di un incidente stradale che ha causato morti e feriti. Ligio alla scuola dell'Ansa, penso bene di specificare marchio e modello dell'auto coinvolta: una Fiat 127. Il cerbero con la bacchetta scruta il mio elaborato e inorridisce: con una grossa matita blu cancella la parola "Fiat" che sostituisce con un più neutro "utilitaria". Mai e per nessun motivo al mondo il marchio della gloriosa fabbrica torinese avrebbe dovuto essere accostato a sciagure, sinistri o eventi comunque luttuosi. A firmare la mia lettera d'assunzione è Giovanni Spadolini, storico e cattedratico illustre, nonché futuro presidente del Consiglio e molto altro ancora, che dirige il *Corriere* con la stessa cordialità con cui boccia gli studenti. A quei tempi gli avventizi non sono ammessi al cospetto del nume ma per me si fa un'eccezione. Attendo la luce verde del semaforo montato sulla porta della suprema direzione, quasi stabilmente sul rosso per scoraggiare i disturbatori, soprattutto durante il parto decisamente complesso degli editoriali spadoliniani. Vengo finalmente ammesso a cotanto cospetto ma il direttore non mi degna di uno sguardo: scruta un bozzone tenendolo appeso tra indice e pollice come fosse la spiacevole radiografia di un tumore mentre il redattore addetto alla bisogna trattiene il respiro. Per poi venire congedato con un infastidito cenno della mano. Mentre esce il poveretto mostra una leggera zoppìa, al che Spadolini scuote la testa rassegnato e sentenzia, arrotando la erre: "vede cavo Padellavo come siamo vidotti qui al *Covvieve*...". Come se per lavorare nel "giornalone" occorresse saper correre i cento metri.»

Con Alberto Cavallari le cose si misero male?

«Lui, un grande giornalista che aveva intervistato perfino il papa venne richiamato da Parigi per salvare il giornale finito nella fogna della P2. Non so se l'abbia salvato davvero ma è indubitabile che per tre anni tormentati riuscì a mandarlo ogni giorno in edicola malgrado le piccole e grandi mascalzonate perpetrate contro la sua direzione. Il capo dell'opposizione interna era Vittorio Feltri che, nel rendere l'onore delle armi al nemico, scomparso nel luglio 1998, ammise che avrebbe dovuto spiegarsi con Alberto, ma che non ne ebbe modo. Peccato, perché forse, in qualità di ex leader della rivolta scatenata contro il terribile soviet di via Solferino, avrebbe potuto fornire un robusto contributo storico alla ricostruzione dell'epica guerra civile. E, magari, dissipare qualche dubbio. Come fu, per esempio, che una notte la gerenza scomparve misteriosamente dalle pagine del *Corriere* e che soltanto grazie all'intervento, in extremis, dell'allora procuratore generale di Milano, Antonio Corrias, si evitò che il quotidiano venisse sequestrato in tutta Italia. Con conseguenze disastrose per una testata già pericolante, priva com'era di un editore vero. La guerra è guerra ma era proprio necessario che i travagli di un direttore abbandonato al suo destino e le miserie di una redazione spaccata e demoralizzata finissero regolarmente spiattellate su organi dediti al pettegolezzo editoriale? Con il giornale esposto al pubblico ludibrio a opera di qualcuno molto bene informato? In quel *Corriere*, d'accordo, non c'erano i buoni e i cattivi. C'erano giornalisti che, pur avversando Cavallari, continuarono a fare il loro dovere con lealtà. E c'era chi, invece di guadagnarsi lo stipendio, preferiva elaborare gli organigrammi del *Corriere* liberato, vagheggiando assurde vendette nel nome di Bettino Craxi. Verso i comunisti che spadroneggiavano nel consiglio di fabbrica. Verso i piduisti che tramavano. Insomma, al direttore assediato non fu risparmiato nulla. A coronamento di quel calvario Alberto fu condannato da un tribunale romano a versare un risarcimento record per aver reagito con un editoriale non certo tenero a una volgare provocazione dell'*Avanti* craxiano.

Che rapporto hai mantenuto con Vittorio Feltri?

«Alti e bassi, collocati da sempre su frontiere opposte. Umanamente ci siamo simpatici.»

L'ultimo «basso»?

«Nel marzo del 2023 celebro, per così dire, sul nostro mensile *Millennium* il mio indimenticabile incontro con la famiglia Angelucci – già allora potenti ras della sanità romana mentre io ero il direttore dell'*Unità* – interessati alla proprietà del giornale. Ricordo di essere stato ricevuto in una specie di bunker dietro via Veneto e che padre e figlio inforcavano dei grossi e inquietanti occhiali scuri, modello: sappi che ti controllo. Poiché gli Angelucci sono poi diventati, anche, dei potenti editori, ricordo alcuni illuminanti frammenti di conversazione. Del tipo: "Quante querele ci ha fatto prendere Travaglio?" Oppure: "Quanti anni ha Furio Colombo?" Taglio corto: "Siccome queste domande mirano, come credo, a farmi capire che Travaglio e Colombo non vi garbino, allora vi conviene cambiare subito il direttore. Guardate, ho detto la stessa cosa a Fassino perché giudico triste e noioso girare attorno alle cose. Considero

Travaglio e Colombo due pilastri imprescindibili dell'*Unità*. Ma se la pensate diversamente è meglio chiuderla qua". Si finisce coi i fuochi pirotecnici. "Ma quando scioperano gli altri giornali, l'*Unità* può non scioperare?" "Be'" replico "sarebbe una grossa notizia se l'*Unità* non aderisse allo sciopero". Ma i due implacabili: "Perché quando c'è lo sciopero dei giornali, con *Libero* e con *il Riformista* facciamo un botto di copie". Purtroppo, i miei ricordi del tempo non passano inosservati. Infatti: apriti cielo! L'indomani Vittorio verga su *Libero* una severa reprimenda. Scrive che sono stato "scorretto" perché "in certi casi un gentiluomo non rivanga il passato per fare il bullo al bar". Poi è il suo turno per dimostrare che ce l'ha più lungo: scrive che "ha fatto meglio di me" perché "ha sgobbato di più". Rispondo sul *Fatto* che ha ragione da vendere e che intendo continuare a non fare una mazza per darmi alla bella vita convinto che nessuno potrà avere qualcosa da ridire, o da pretendere. Per il semplice motivo, caro Vittorio, che io, a differenza tua, sono padrone di me stesso.»

*Chi ti chiamò all'*Espresso*?*

Giovanni Valentini, grande direttore e amico vero con cui ho condiviso lo stato nascente della nostra passione per il giornalismo. Come ha raccontato nel suo straordinario *Il romanzo del giornalismo italiano* ci conoscemmo nella sala stampa di Montecitorio, regno della stampa parlamentare di cui Vittorio Orefice era il monarca assoluto, al contempo capo dei servizi parlamentari dell'Agenzia Italia e corrispondente della Rai dal Parlamento. L'uomo col farfallino, racconta Giovanni, era l'autore della famosa velina, letteralmente un testo battuto a macchina con la carta copiativa, in cui l'autore riassumeva i fatti principali e le dichiarazioni della giornata politica per distribuirlo (a pagamento) ai maggiori quotidiani italiani. È su quella base che i giornalisti firmavano i cosiddetti "pastoni", cioè un *resumé* in cui a loro volta rielaboravano la velina, vergavano i propri articoli in redazione. In pratica, un canale di omologazione dell'informazione politica, per uniformare le fonti e tenere le notizie sotto controllo in modo da non disturbare troppo i palazzi del potere. Racconta Giovanni che "a noi più giovani", però, quel sistema non andava molto a genio. Avevamo la curiosità di interpellare direttamente i parlamentari e i leader che incrociavano nel mitico Transatlantico o alla *buvette* di Montecitorio. Allora non esistevano i telefonini e non si usava chiamare i politici in ufficio né tantomeno a casa. Così, senza neppure deciderlo a tavolino, ci organizzammo per dividerci il lavoro e scavalcare la velina di Orefice. Fino a quando qualcuno ci denominò "la banda dei quattro". Sì, insieme a Giovanni che dal *Giorno* sarebbe poi passato a *Repubblica* – e di cui più tardi sarei diventato il vicedirettore all'*Espresso*, e che oggi è una firma autorevole del *Fatto Quotidiano* – ne facevano parte Luca Giurato, allora notista politico della *Stampa* di Torino e Fabrizio Coisson di *Paese Sera*.»

3

Alla ricerca di un padre

Ci procuriamo il numero telefonico della redazione parigina di Charlie Hebdo. *Sarà Stefano Citati a chiamare e, dopo le condoglianze di rito e il forte abbraccio a nome di tutti noi, in viva voce vado al sodo: «Immaginiamo che nel frattempo avrete ricevuto in proposito molte altre richieste». La risposta ci lascia di stucco. Il mio interlocutore confessa che, a parte un giornale turco e un settimanale americano, nessun altro ha avanzato la stessa richiesta. Nessuno ha chiesto nulla. Neppure dall'Italia. Sorge una difficoltà: copertina e pagine del nuovo numero sarebbero arrivate al nostro giornale, via e-mail, soltanto nella tarda serata di martedì 13 gennaio. Appena in tempo per essere trasmesse ai centri stampa così da arrivare in edicola il mattino successivo. Dunque, non potremo controllare preventivamente nulla. Saremo costretti ad accettare integralmente e alla cieca i contenuti del settimanale. Insomma: prendere o lasciare. Sono momenti non facili e quando ne parlo in redazione più di qualcuno si agita. Ma siamo completamente impazziti? È come se dicessimo ai terroristi, eccoci, sparate pure. E poi, senza sapere neppure cosa pubblichiamo. E se ci mandano un'altra caricatura di Maometto, magari condita di insulti, come ne usciamo? Ci impicchiamo con le nostre stesse mani? Oppure ci tiriamo indietro all'ultimo momento finendo nella merda a livello globale? La frattura si allarga. Una processione di dissenzienti bussa alla mia porta. Qualcuno è brutale: sei il direttore, decidi tu ma se dici di pubblicare ti assumi una responsabilità bestiale. Qualcuno punta dritto al cuore: pensa alle nostre famiglie, ai nostri figli, Antonio ti prego non farlo.*

Una volta rimasti soli sull'uscio di casa mi confido: «Berlusconi devo riconoscere che in fondo lei ha fatto la fortuna dei suoi amici ma anche dei suoi nemici». Sottinteso, anche la mia. L'epica lotta dei buoni – si fa per dire – contro il miliardario tiranno. Lui non se l'aspetta. Farfuglia qualcosa come: «Sì, ha proprio ragione». Poi, quasi scappa verso l'ascensore prima che scocchino le fatali ventitré: l'orario giudiziario del suo rientro coatto a palazzo Grazioli. Se è esistita una epopea del *Fatto Quotidiano* è soprattutto grazie a lui. Quando il Caimano è saldo in sella abbiamo dei bilanci così floridi che quasi ci vergogniamo al momento di distribuire i sostanziosi dividendi. Giriamo l'Italia come rockstar, tutti ci chiedono come possa un piccolo quotidiano prosperare con scarsa pubblicità e senza finanziamenti pubblici, e grazie unicamente all'obolo versato dai lettori, ogni mattina, all'edicola. In ogni contrada fioccano applausi e complimenti. In pieno delirio berlusconiano il nostro giornale diventa il vessillo cartaceo di una nuova lotta di liberazione. Ci capita di incontrare persone che sventolano festose una copia da autografare: sono abbonato dal primo giorno mi raccomando resistete, resistete... Poi Berlusconi si dimette e il mondo dei giornali tracolla con lui. Ricordo che nel 2011, la sera della sua uscita definitiva da Palazzo Chigi e dell'avvento del molto sobrio Mario Monti vengo accolto in redazione da una specie di festicciola con brindisi e champagne inneggiante alla caduta del despota. M'incazzo di brutto: siete davvero scemi, non capite che stiamo tagliando il ramo su cui per anni siamo stati seduti comodamente? *Il Fatto* continua a vendere bene, intendiamoci, ma non più come prima. I conti sono in regola ma la navigazione tra costi crescenti e introiti calanti si fa meno tranquilla. Per la strada non mi ferma quasi più nessuno. Qualcuno anzi mi si pianta davanti, lo sguardo perplesso di chi si chiede: ma questo dove l'ho visto? C'è sempre un non so che di ambiguo nelle preferenze elettorali dei giornalisti. Al momento del voto è difficile negare che le opinioni politiche di ciascuno possano essere influenzate dai rapporti buoni o cattivi (o addirittura pessimi) intercorsi con i leader di primo piano. Me ne rammentai nei giorni del ricovero in terapia intensiva del Cavaliere. Che penso meriti un omaggio per essere stato capace di accendere il più grande falò delle passioni contrapposte dai tempi dello scontro De Gasperi-Togliatti. Ma torniamo a quella cena. Nella primavera del 2014 tale Michelle Bonev sale alla ribalta della cronaca per una sua presunta *liaison* gay con Francesca Pascale. Girano pettegolezzi che decidiamo di non mettere in pagina. Affettuosità di ragazze un po' accaldate che si scambiano bacini con l'impronta del rossetto sulla carta. Sono cose che, diciamolo, appartengono alla vita privatissima delle persone. E poi: a che serve infierire ancora? Dopo aver pubblicato ogni più minimo particolare sulle cene eleganti di Villa Certosa, quelle con il fallo di Priapo omaggiato dalle ragazze in quanto simbolo del padrone (in tutti i sensi) di casa, il genere si è esaurito per consunzione. Lui è il classico tipo che quando entra in una stanza il suo uccello e già lì da un paio di minuti (è la battuta che gira) ma cosa aggiungere di più all'epopea di questo anziano Casanova? Dunque, la Pascale desidera ringraziarmi di persona per non avere violato la sua privacy (che quasi un decennio dopo sarà lei stessa a svelare, tanto da trasformarsi in una icona del movimento omosessuale). Un'amica comune, Melania Rizzoli, si offre di ospitarci una sera a cena. Lui, il Cavaliere non era previsto ma ritengo si stesse rompendo le scatole rimasto solo con Dudù a Palazzo Grazioli. Infatti, sono le ventuno in punto, mi viene incontro contento come una Pasqua, come fossimo vecchi amiconi. Eppure su Berlusconi – prima all'*Espresso*, poi all'*Unità* e infine al *Fatto* – ho scritto e sottoscritto qualunque infamia tranne, forse, che avesse crocifisso Gesù Cristo. E, invece, eccolo con un pacchetto da scartare: tre cravatte di Marinella, di quelle che fanno un figurone annodate ai collettoni degli agenti immobiliari in carriera. Sembra davvero contento di vedermi. Inizialmente mi sembra una cosa strana ma poi rifletto: questo non è uno come noi che si offende, questo si sente il super maschio alfa e sa che staccando un assegno potrebbe comprarsi l'Italia. Cosa gliene frega degli insulti? Neppure li legge più. È come se il Padreterno si appuntasse la contabilità delle bestemmie: ehi tu una volta mi hai dato del maiale, vai all'inferno. Ci accomodiamo in salotto. Mi fa: «Guardi dottore che prima di venire ho parlato con il dottor Letta che mi ha riferito che lei proviene da un'ottima famiglia di dirigenti dello Stato, mi ha parlato molto bene di lei, anzi le porto i suoi saluti». Con una sola frase mi ha appena spedito due o tre messaggi. Intanto, sa tutto di me e della mia storia familiare e poi mi comunica che Gianni Letta ne sa ancora di più. Ho di fronte un personaggio che fa della squisita cortesia, come si diceva una volta, la sua arma migliore. Francesca Pascale siede alla mia sinistra in un'atmosfera così poco formale che riesce a smorzare la tensione anche se mi è chiaro non trattarsi di un convivio ma, sotto certi aspetti, di un cauto, garbato, regolamento di conti. Per tutta la serata io e lui ci scrutiamo: tu non oltrepassare il limite e io resto al mio posto. Difficile che in passato gli sia capitato di trascorrere del tempo chiuso in una stanza con qualcuno che per anni lo ha descritto come il male assoluto, un demone che comprando e corrompendo è diventato padrone di molte altre vite (delle nostre stesse vite). Potrebbe rinfacciarmelo, non lo fa e io evito perfino qualsiasi velata allusione. Niente di personale, sono le regole di ingaggio. La Pascale mi ringrazia carinamente per non avere pubblicato quello che definisce il delirio di una pazza o qualcosa del genere. Nega l'esistenza di una relazione sentimentale con la Bonev, al che Berlusconi sogghigna e se ne esce con la battuta più riuscita della serata: «Ah, no? è un vero peccato...» Anche lei ne ride e insieme danno l'impressione di una coppia molto affiatata, o molto scaltra, o entrambe le cose. Lui indossa una giacca blu che fa *pendant* con una T-shirt da stagionato yacht man anni Sessanta, a cui mancano solo i bottoni dorati. Occhieggia la bella fidanzata che veste un elegante tailleur color panna. Gli chiedo un commento su Matteo Renzi: «È un fuoriclasse cinico e crudele». C'è tempo anche per un giudizio sull'esperienza ai servizi sociali presso la Sacra famiglia di Cesano Boscone, che B. sta scontando. «Una vicenda triste» affonda contrito gli occhi nel piatto, mormora qualcosa come «una sofferenza vissuta in prima persona che mi ha arricchito spiritualmente» (ah ah). Non mi aspetto certo che confessi di averne piene le palle di quegli anziani malridotti. Mi chiedo se sia sincero quando appare così provato o se reciti la parte. Anche qui, forse, entrambe le cose. Assapora con parsimonia il tiramisù, si lamenta dei chili presi, si sente appesantito. Gli chiedo del suo Milan e si esibisce in uno show da applausi. Si rianima: «Quell'Allegri mi spaccava lo spogliatoio, ho dovuto cacciarlo ma Seedorf faceva lo stesso, litigava con tutti, ora però abbiamo questo ragazzo qui, Filippo Inzaghi, un grande campione rossonero a vita che anche come allenatore me ne dicono un gran bene e, vedrà, torneremo grandi anche senza quel Balotelli lì». «Ora la faccio ridere.» Parla di Supermario e comincia a sceneggiare, come fosse una barzelletta, di quando lo ha convocato per dirgli che gli è costato un occhio della testa e che segna troppo poco rispetto all'investimento fatto. Il Caimano si alza per rendere più efficace la scena che mima. Dunque un bel giorno gli faccio: «Dimmi Balotelli qual è lo scopo del gioco del calcio? Lui non capisce o fa finta». Il Cavaliere ondeggia con la testa imitando la capoccia di Balo e rende l'idea dell'espressione dell'attaccante sempre piuttosto accigliato, sospettoso, tipico di chi non si aspetta gentilezze ma una pedata nel sedere. «Dunque te lo dico io» e l'ex premier continua il racconto del colloquio-monologo «lo scopo del gioco del calcio e quello di buttare la palla in rete, vero? E per segnare occorre superare la difesa avversaria e poi tirare con forza all'angolino come ti riesce benissimo, giusto? Ma come puoi tirare all'angolino se bivacchi a centrocampo? Allora, caro Balotelli, mi spieghi per quale cazzo di motivo giochi sempre così lontano dalla porta avversaria?» Nostalgia canaglia.

L'ultima volta che ho sentito Berlusconi è stato qualche giorno prima della sua scomparsa. Gli avevo inviato gli auguri di pronta guarigione attraverso Vittorio Feltri. Lui chiamò per ringraziarmi e, con una vocina sottile, si congedò con una strana domanda: «Mi dica, dottor Padellaro, noi abbiamo mai avuto modo di lavorare insieme?» Gli risposi, naturalmente, che no, non avevo mai lavorato per lui.

«Ah, che peccato»: e fu il suo ultimo tentativo di sedurmi.

Tra le tante domande che mi faccio dopo la cena con Silvio Berlusconi ce n'è una insistente: perché insieme al vino che gli ho versato e all'olio che gli ho passato non ho distillato neppure una goccia degli estrogeni di indignazione con cui ho nutrito centinaia dei miei articoli contro la sua persona? Avrei forse dovuto avvitarmi in un comizietto del tipo: lei è stato la rovina dell'Italia? Sarebbe stato ridicolo anche perché ho ben presente la frase di Marshall McLuhan: «L'indignazione morale è una tecnica utilizzata per dotare l'idiota di dignità». D'altra parte, nell'era dell'opportunismo globale siamo circondati da spiriti brillanti che ci rammentano a ogni piè sospinto che la coerenza è la virtù degli imbecilli, che solo i paracarri non cambiano idea, che il patriottismo è l'ultimo rifugio delle canaglie, eccetera. Capisco che il moralista sgomento davanti alla decadenza dei costumi è figura alquanto deprimente ma, per favore, evitiamo, per il gusto di *épater le bourgeois*, di innalzare monumenti equestri a ladri e corrotti. A ben pensarci se ho considerato Berlusconi un nemico e se mi sono arruolato nell'esercito che lo ha combattuto per un ventennio, il motivo non è certo il parrucchino, i tacchi alti o l'insopportabile lagna anticomunista. E neppure la sua storia di tycoon privo di scrupoli. Oppure l'inclinazione inguaribile a ungere le ruote della legge. Chiedo scusa ma il successo altrui non riesce a indignarmi. Per dirla tutta, davanti a una banca svaligiata con fantasia e perizia e al cospetto di certi gangster di talento provo una forma di ambigua ammirazione. Perché, alla fine, ciò che salta agli occhi, ciò con cui dobbiamo fare i conti, ci piaccia o no, è l'impero che lui ha costruito, la fortuna che ha accumulato, il potere che è stato in grado di esercitare. E poi, non ho mai creduto alle forze del bene (noi) contrapposte a quelle del male (lui e quelli come lui). Non ce l'ho particolarmente con ciò che Berlusconi è, oppure possiede. Mi sono ritrovato a sinistra perché mi faceva sinceramente orrore ciò che il berlusconismo provocava nella testa delle persone. Ma la ragione vera della nostra calcolata avversione l'ha scritta Balzac nelle *Illusioni perdute*. «Si trovi un nemico potente» dice l'editore al giovane e ingenuo Lucien. Noi molto più scaltri abbiamo investito tutto sul nemico ideale. E ne siamo stati ripagati in copie e successo sonante.

La storia del Novecento, la storia della sinistra è storia di valori, di grandi ideali per cui sono stati versati fiumi di sangue, ma anche storie di uomini che hanno denunciato compagni, amici, fratelli, genitori, sposi alle spie della Gestapo, della Ghepeù, dell'Ovra. «Ogni anima ha la propria fabbrica di tradimenti» scrive Philip Roth in *Ho sposato un comunista*. «Si tradisce per sopravvivenza, eccitazione e perfino progresso e idealismo. Per il danno che si può arrecare, per il dolore che si può infliggere. Per la crudeltà che c'è dentro. Per il piacere di manifestare il proprio potere latente, per il piacere di dominare gli altri, di distruggere le persone che ti sono nemiche. Gli fai una sorpresa. Non è questo il piacere del tradimento? Il piacere di ingannare qualcuno. È un modo di ripagare la gente per il senso di inferiorità che ti fanno provare, per le frustrazioni che avverti nei rapporti col prossimo». Si tradisce sotto tortura. Si tradisce per tradire. Magari senza interessi particolari. Magari solo per divertirsi. Per una immotivata malvagità.

Tornando a B. e alla sua insostenibile leggerezza accade che, qualche tempo dopo la nostra prima e ultima cena, mentre sono in auto mi collegano in viva voce telefonica con Palazzo Grazioli: «Il presidente la cerca urgentemente». Accosto immaginando il peggio: quella mattina il *Fatto* aveva in copertina un titolo (dov'è la novità?) quanto mai oltraggioso su qualche nuova accusa della magistratura. Eccolo qua che ora mi fa a fette.

Infatti la voce ha una tonalità irritata: «Direttore, avete pubblicato una menzogna». Quale, presidente? «Avete scritto che indosso un parrucchino. La invito qui da me e l'autorizzo a verificare con le sue mani se i miei capelli sono veri o finti. Dopodiché mi aspetto delle pubbliche scuse.» Balbetto qualcosa ma non mi fa finire e chiude la conversazione con una risata. Sì, nulla lo tocca, meno che mai i nostri titoli. Per questo si è impadronito dell'Italia e della testa degli italiani.

«L'unico peccato che non mi perdono è avere costretto qualcuno a provare vergogna di sé stesso» (Oscar Wilde). Molto diverso dal tradimento degli altri, infatti, è il tradimento di sé stessi. Di ciò che si pensa. Di ciò in cui si crede. Di ciò che si è. E non perché c'è qualcuno che ti strapazza i testicoli con scariche ad alto voltaggio. O minaccia la vita dei tuoi cari. Forse non lo fa neppure per avidità, per ottenere denaro, onori, successo. No, rinneghi il tuo io solo per volontà di sottomissione. Per blandire, assecondare, lisciare il tuo signore e padrone. Ecco, è questo che ho trovato insopportabile del berlusconismo.

Se poi vogliamo parlare dell'opportunismo della sinistra, forse è ancora più grave perché si ammanta di una inesistente superiorità morale. C'è un libro che sono tornato a sfogliare dopo molti anni: l'autobiografia di Arthur Miller (*Svolte. La mia vita*). Siamo nell'America degli anni bui del maccartismo e il grande commediografo sta per essere interrogato dalla Commissione per le attività antiamericane, covo della caccia alle streghe. Disteso tra due sedili sull'aereo per New York mezzo vuoto, Miller riflette sulla sua vita che non riesce a capire sino in fondo. «Mi trovavo in uno di quei periodi dell'esistenza in cui i ricordi dei momenti di incertezza ritornano alla mente carichi di interrogativi senza risposta.» Miller descrive una sinistra immersa in un'atmosfera di attesa miracolistica, atmosfera molto gradita al moralista passivo (questo il punto), sicuro di poter raggiungere la salvezza attraverso la verità: «Un atteggiamento, questo, vecchio quanto la teologia di san Paolo e seducente quanto la tesi della salvezza solo per fede». Poi, l'attacco contro le persone anche di talento ma troppo pigre per sfruttarlo fino in fondo e che preferiscono tirare avanti addossando al sistema la colpa della bruttezza di ciò che producono. «La verità era che io ero sempre stato convinto che un uomo in gamba potesse farcela, società capitalistica o no.» Diciamo la verità, per troppo tempo la sinistra ha lucrato sui format del vittimismo o del capro espiatorio. Ogni tanto dovremmo rileggere Edmondo Berselli perché ci sono parole che oggi si addicono molto di più alla destra, ma non soltanto: «S'individua un nemico vero o virtuale – gli immigrati, i clandestini, i fannulloni della Pubblica amministrazione, i clienti delle prostitute – e lo si etichetta esponendolo alla pubblica opinione. È un format che rassicura ed esorcizza. Infallibile perché sgrava la coscienza». Cosa c'entra l'opportunismo di sinistra (e ora quello della destra al potere) con tutto ciò che mi riguarda? C'entra perché ho vissuto pure io quel periodo di pessimo giornalismo, che non era giornalismo ma pedagogia d'accatto, come se il nostro lavoro non consistesse nel raccontare i fatti ma nel sentirci migliori. Poi un giorno (forse troppo tardi) mi arriva in soccorso uno scritto di W.H. Auden, citato da Robert Hughes nello straordinario *La cultura del piagnisteo. La saga del politicamente corretto.* Auden immagina Erode che medita sul compito ingrato di massacrare gli innocenti. D'animo fondamentalmente tollerante, egli ne farebbe volentieri a meno. E, tuttavia, riflette, se si consente a quel bambino di scamparla «non occorre essere profeti per prevederne le conseguenze...». E dunque «la ragione sarà sostituita dalla Rivelazione [...] La Giustizia, come virtù cardinale, sarà rimpiazzata dalla Pietà, e svanirà ogni timore di castigo. Ogni scapestrato si congratulerà con sé stesso: "Sono un tale peccatore che Dio è sceso di persona per salvarmi". Ogni furfante dirà: "A me piace commettere crimini; a Dio piace perdonarli. Il mondo è davvero combinato a meraviglia".» Il cattolico apostolico romano che sonnecchia in me non ne sarà contento ma devo riconoscere che il giornalismo che abbiamo a lungo frequentato e praticato ha contribuito a seminare e raccogliere nell'America a cavallo tra gli anni Ottanta e Novanta ciò che Erode aveva previsto sarebbe accaduto: «Un Paese ossessionato dalle terapie e pieno di sfiducia nella politica formale: scettico sull'autorità e preda della superstizione: corroso nel linguaggio politico, dalla falsa pietà e dall'eufemismo [...] dove l'autostima è inviolabile, sicché ci affanniamo a trasformare le accademie in un sistema in cui nessuno può fallire. In questo spirito potremmo purgare il tennis dai suoi sottintesi elitari: basta abolire la rete [...]. In questo e in una dozzina di altri modi veniamo creando una infantilistica cultura del piagnisteo, dove c'è sempre un padre-padrone a cui dare la colpa e dove l'ampliamento dei diritti procede senza l'altra faccia della società: il vincolo degli obblighi e dei doveri».

Mescolate il tutto, servitelo con la necessaria indignazione elevata fino all'acrocoro di superiorità morale da dove guardare al resto dell'umanità e capirete perché quei giornali e quel giornalismo saranno comprati e letti sempre di meno, fino a esaurimento. Un presente che sta già passando. Da tempo il destino si è compiuto e la critica al malsano *politically correct* si è talmente diffusa che di quel continuo frignare se ne ha perfino la nostalgia. Ma è come guardare il dito mentre la luna tramonta. Mi sento come il sopravvissuto di un mondo che progressivamente scompare. Non mi resta che cullarmi nella nostalgia del Regno trionfante e di noi cortigiani riconoscenti.

Un giorno di troppi anni fa, il direttore della *Stampa* contattò un vecchio amico e collega per offrirgli la poltrona di capo dell'ufficio romano del grande quotidiano piemontese. L'incontro decisivo avvenne una sera in una villa in collina. Per invogliarlo ad accettare, oltre all'indiscutibile prestigio della testata, il direttore in questione, un simpatico *bon vivant* aduso a giudicare il mondo con divertita levità, elencò la ghiotta lista di benefici di cui il prescelto avrebbe potuto godere: a sua disposizione, precisò, ci sarebbe stata anche, una Lancia metallizzata con autista. Quindi, anche se erano da soli nella stanza, il direttore accostò la sedia a quella del titubante collega sussurrandogli che in caso di accettazione dell'importante incarico un privilegio, soprattutto, lo avrebbe messo in una condizione del tutto elitaria rispetto al resto dei giornalisti comuni mortali. «E poi, potrai conoscere l'Avvocato, vederlo.» Sembrava in estasi mentre lo diceva. Alla fine, per ragioni sue, il candidato rifiutò l'offerta precludendosi l'unica possibilità di entrare direttamente in contatto con la leggenda vivente Gianni Agnelli. «Vedere» l'Avvocato è come vedere la Madonna. Solo che a differenza delle miracolose apparizioni, il presidente onorario della Fiat si materializzava non in luoghi remoti della terra, meno che mai a dei poveri e inermi pastorelli, bensì nel centro di una metropoli pulsante, anche egli senza preavviso alcuno. In quei favolosi anni Ottanta, l'Avvocato sospende l'agenda degli appuntamenti romani, esce dal numero 57 di via Leonida Bissolati, sede di rappresentanza Fiat nella capitale, attraversa largo di Santa Susanna, entra al numero 50 di via Barberini. Sale al quarto piano e fa il suo regale ingresso nell'ufficio di corrispondenza del quotidiano di famiglia. La falcata, benché appesantita da quel brutto incidente alla gamba, fende il panico dei commessi che vorrebbero umilmente interporsi tra il visitatore e la stanza del capo dell'ufficio romano onde mettere sull'avviso il poveretto. Che l'Avvocato intimamente goda nel piombare come saetta divina nella onesta e ordinata quotidianità dei suoi amati dipendenti ancorché gallonati? Potete giurarci. «Permesso, permesso» e Agnelli punta uno dei divani di pelle nera nell'angolo salotto, dirimpetto alla scrivania del caporedattore. S'avanzino, dunque, i talenti del giornale. Disvelino le loro primizie, gli aspetti più straordinari dell'attualità, le analisi più penetranti. Sì, perché ogni giorno la realtà estrae a sorte personaggi e storie che farebbero invidia a qualunque romanziere ed essi, le penne più affilate, dovevano esserne i testimoni. Le domande mirate dell'Avvocato, le sue curiosità maliziose, gli interrogativi spiazzanti, il pettegolezzo intelligente, i particolari efferati rappresentano la bussola privilegiata dell'informazione *establishment*. Che cosa succede davvero nelle stanze segrete di Palazzo Chigi? Chi sarà il nuovo presidente della Rai? Come avvenne esattamente lo scioglimento nell'acido del pentito a opera del boss? Si rassegnino dunque gli alfieri imbronciati della comunicazione complessa: ciò che stimola l'interesse dell'ultimo anello nella selezione capitalistica della specie corrisponde, quasi sempre, a ciò che vorrebbe sapere il cosiddetto lettore comune. Che non è, generalmente, quel manichino Censis o Istat, giudizioso specchio di virtù civili che vorrebbero farci credere. E meno male che, composto di sangue e fango proprio come ogni essere umano, questo probo modello cui ci rivolgiamo riverenti nella preghiera mattutina del bravo giornalista, sia nella realtà vera attirato da tutto ciò che è mostruoso, nefando, crudele, malvagio, osceno, torbido, ma tanto, tanto, tanto, tanto interessante. L'Avvocato! L'Ingegnere! Il Dottore! Il Cavaliere! I padroni dell'universo padroni dei giornali su cui scrivevamo. Padroni delle nostre carriere, delle nostre scalate sociali, del nostro successo, delle nostre informazioni esclusive. Perché, sia ben chiaro, le notizie migliori sono quelle che non vengono pubblicate. Ma solo sussurrate a Lui, a Loro.

4

L'ultima decisione

Decido di convocare un'assemblea di redazione. Non voglio fare il Ponzio Pilato ma ascolterò le opinioni di tutti. Nella sala delle riunioni di via Valadier ci sono solo posti in piedi ma l'atmosfera, al contrario di quanto pensassi, non è affatto drammatica: stiamo per discutere una scelta che riguarda la nostra pelle – oltre che il sangue versato dei nostri colleghi parigini – eppure, a giudicare dal brusio, la platea sembra su di giri, come al cinema mentre le luci si spengono e lo spettacolo ha inizio. Solo che questo non è un film ma cruda realtà. Provo a spiegare perché siamo qui riuniti. Ricpilogo dei fatti. Chiedo a tutti di esprimersi in totale libertà. In ogni caso, l'ultima parola spetta a me: sarò io a dare, come ogni sera, il visto si stampi o sarò io a decidere di lasciar perdere. Intervengono quasi tutti e la percentuale delle opinioni si mantiene molto alta a favore del sì. Si insiste sull'identità del nostro giornale, nato senza lacci di alcun genere, per difendere la propria autonomia e i diritti di chi ci legge. Insomma: se non pubblichiamo noi Charlie Hebdo*, chi lo farà? Le voci contrarie sono poche ma sostenute da altrettanto validi* *argomenti: «Perché dobbiamo metterci nel mirino di questi pazzi?»; «Diremo ai nostri lettori la verità, che corriamo un rischio troppo alto, capiranno». Trascorrono un paio di ore, tocca di nuovo a me dire qualcosa. Non mi dilungo. «Ragazzi, si pubblica. Domani usciamo con* Charlie Hebdo.*» Parte un lungo applauso.*

Un mio vecchio direttore diceva che un vero giornalista deve essere orfano, nubile e con una vena di sana follia. Chi fa questo mestiere non dovrebbe mai farsi condizionare dal «tengo famiglia». Noi siamo come lo scorpione del famoso apologo che uccide la rana malgrado lo stia portando sull'altra riva del fiume. E che per spiegare l'apparente insensatezza del gesto dice: questa è la mia natura. Ecco, legandoci al destino di Charlie Hebdo, *la maggioranza di noi avrà pensato: forse facciamo una cazzata ma è la «nostra» cazzata, questa è la nostra natura. C'è poca maturità in tutto ciò ma dosi massicce di insensata spavalderia. Viviamo di sfide quotidiane e cerchiamo l'adrenalina in quelle che possono apparire scelte folli o anche soltanto piccole e squallide competizioni. Non possiamo confidarci con nessuno – non con le nostre mogli o con le nostre madri, con le nostre amanti, con i nostri amici più cari, con i nostri fratelli – perché nessuno capirebbe, eccetto noi. Di queste sfide, di queste scommesse, di queste gare a chi ce l'ha più lungo ne ho vissute parecchie. Di decisioni da prendere pure, anche se non rischiose come quella di provocare la vendetta dei tagliagole islamici. A cominciare dal delitto Moro e dallo scoop che firmai con Roberto Martinelli sul* Corriere della Sera. *Mi torna in mente chissà perché la storia della seduta spiritica a casa di Romano Prodi. All'inizio nessuno ci credeva, però quanto ci siamo divertiti.*

Tutto comincia nel tardo pomeriggio di domenica 2 aprile. Aldo Moro è prigioniero da sedici giorni e la sua lettera a Francesco Cossiga ha gettato nello sgomento la nazione. A mezzogiorno, parlando ai fedeli raccolti in piazza San Pietro, Paolo VI ha rivolto un appello pressante agli «uomini delle Brigate Rosse» scongiurandoli di dare la libertà al presidente della Dc.

A Bologna, in un appartamento del centro storico, è riunito un gruppo di persone. Sono amici e familiari di una nota personalità, il professor Romano Prodi, cattedratico, economista di fama internazionale, cattolico democratico, futuro ministro e futuro premier ulivista. I discorsi sono gli stessi che in quei giorni si possono ascoltare nelle case degli italiani. Uno in particolare: dove possa essere nascosta la prigione del presidente democristiano. Le forze dell'ordine hanno compiuto migliaia di battute. Sono stati perquisiti palazzi, ville, ospedali, locali di ogni genere. Niente da fare. Giornali e tv deplorano apertamente l'impotenza dello Stato. La gente ha paura: cos'altro preparano i terroristi? Nel salotto bolognese qualcuno lancia un'idea stravagante: «Perché non lo chiediamo agli spiriti dov'è Moro?» Fermiamoci un attimo. Molti processi e molte commissioni parlamentari dopo, lo strano caso della seduta spiritica è stato via via derubricato a balla gigantesca o, nel migliore dei casi, a una soffiata giunta all'orecchio di un docente felsineo amico di Prodi, in contatto con ambienti dell'Autonomia, a loro volta infiltrati da brigatisti o pseudo tali. Eppure la versione più trasparente e meno complicata è proprio quella che un anno dopo, nel 1979, Roberto Martinelli e io ricostruimmo sulle colonne del *Corriere della Sera*. Torniamo a casa Prodi e a quella domenica. Ecco il resoconto di ciò che accadde raccontato da uno dei partecipanti. Sul grande tavolo nella sala da pranzo viene disteso un grande foglio bianco dove vengono segnate con una matita le ventuno lettere dell'alfabeto e i numeri dallo zero al nove. Al centro, un piccolo posacenere di metallo. Intorno, una decina di persone. Per suscitare la necessaria «energia» i presenti poggiano l'indice della mano destra sul bordo metallico del posacenere. I polpastrelli sfiorano appena l'oggetto, evitando la più leggera pressione. Si forma così quella che in gergo medianico è definita: «catena». Colui che funge da medium comincia a interrogare lo spirito prescelto.

«Provammo con don Sturzo, ma le sue risposte erano confuse e indecifrabili.»

«Indecifrabili?»

«Certo. Perché l'esperimento riesca, il piattino deve muoversi a intervalli in direzione delle varie lettere e dei numeri in modo da formare una parola o una frase di senso compiuto.»

«Che cosa fa muovere il posacenere?»

«L'energia medianica. Poiché don Sturzo non si faceva capire decidemmo di cambiare spirito.»

Viene evocato Giorgio La Pira, famoso sindaco democristiano di Firenze, morto da poco tempo e quindi, a giudizio degli esperti, «più reattivo». Ed ecco la domanda che tutti hanno in testa: «Dov'è Moro?»

Ma per ottenere una risposta attendibile si deve procedere con una lunga serie di approssimazioni.

«E tenuto prigioniero in Italia?»

Il disco di metallo si muove prima verso la S e poi verso la I.

«Il carcere brigatista è nascosto vicino all'acqua?»

Questa volta la risposta chiarissima è NO. Si continua così per circa un'ora. Lo spirito evocato collabora, il contatto sembra buono. Il posacenere, spostandosi da una lettera all'altra scandisce parole precise. Indicazioni che portano ad altrettante località geografiche: Viterbo, Bolsena, Gradoli. Una provincia, un lago, un paesino. Dopo Gradoli lo spirito suggerisce un numero. Il testimone sostiene di non ricordare quale fosse con esattezza: solo che era simile al prefisso di Catania.

Si controlla l'elenco telefonico: può darsi che lo spirito di don Sturzo, siciliano, si sia inserito per dare un suo contributo. Catania come prefisso ha lo 095; ma il numero non è quello. Dopo 95 viene 96, cioè il numero civico della palazzina di via Gradoli dove 16 giorni dopo sarà scoperta la base operativa delle Br (ma quel pomeriggio nessuno può saperlo). Trascorrono due settimane. La mattina del 18 aprile, quando la radio annuncia la scoperta del covo di via Gradoli, Romano Prodi è al volante della sua auto. Racconterà in seguito: «Gradoli? Quel nome non mi era affatto nuovo. Istintivamente misi piede sul freno, sconcertato. Non sono mai riuscito a spiegarmi come tutto ciò sia potuto accadere». Interpellammo Emilio Servadio, psicologo e studioso di parapsicologia: «Gli annali scientifici sono ricchi di fenomeni ricognitivi, per esempio di persone che hanno sognato cose che sono poi esattamente avvenute, addirittura ad anni di distanza. Ci fu un caso clamoroso: quattordici anni prima del disastro del *Titanic* uscì in America un romanzo dove si narrava di una nave, il *Titan*, di enorme stazza, che faceva il viaggio inaugurale, con a bordo un numero insufficiente di battelli di salvataggio e che naufragava andando a cozzare contro un iceberg. C'è da aggiungere che solo qualche volta abbiamo dei casi di preveggenza o di telepatia precisi; altre volte si ha come l'impressione di una rosa di pallini che non colpiscono perfettamente il centro del bersaglio ma che gli vanno molto vicino. Mi pare che quanto accaduto a Bologna possa corrispondere a quest'immagine. Nel caso in questione, comunque, escluderei a priori la presenza di spiriti».

«E il piattino che si muove?»

«Il piattino si muove perché è a contatto con le mani. A un certo punto si crea una composizione di forze e in base a ciò che pensa l'uno o l'altro dei presenti il piattino stacca verso questa o quella lettera. Il piattino non si muove da solo: si muove a un livello di scarsa consapevolezza dei presenti, secondo un orientamento che gli viene trasmesso dalle mani di coloro che partecipano alla seduta.»

«Possibile che il nome Gradoli sia emerso dal subconscio di qualcuno che sapeva qualcosa?»

«È anche possibile. A volte il medium attinge a

qualcosa che qualcuno ha dentro e lo rivela. Del resto, è ciò che avviene normalmente nella telepatia.»

Quello della «seduta spiritica» non fu il solo scoop che realizzammo per il *Corriere*. Riuscimmo a ricostruire i giorni di Aldo Moro precedenti all'agguato di via Fani. La mattina di giovedì 9 marzo, sette giorni prima di essere rapito, Moro riceve un'offerta da Giovanni Leone: «Sono pronto a lasciare subito il Quirinale purché io abbia la certezza che sarai tu a sostituirmi». È una specie di passaggio di consegne: Moro è il candidato consacrato da democristiani e comunisti. Allo scadere dei sette anni il primo cittadino della Repubblica sarà lui. Lo sanno tutti: lo sanno anche le Brigate Rosse. L'ascesa di Moro appare irresistibile, ora che la lunga crisi di governo è di fatto conclusa. Con l'appello ai gruppi parlamentari della Dc, lanciato una settimana prima, il presidente democristiano ha risolto il problema più difficile: convincere deputati e senatori del suo partito ad appoggiare la nuova maggioranza aperta ai comunisti. È stata dura ma alla fine ce l'ha fatta. Gli resta un unico cruccio: che a godere dei benefici di questo capolavoro politico sia proprio Giulio Andreotti. Verso il presidente del Consiglio incaricato (come leggeremo nel memoriale) Moro nutre una diffidenza istintiva e irriducibile, una ostilità psicologica di cui, «dopo quarant'anni» non sa ancora darsi una ragione. Sulla spinta di questa avversione avrebbe preferito che fosse Flaminio Piccoli a presiedere il nuovo governo. Neppure il capo dei deputati dello scudo crociato gode pienamente della sua stima. Moro lo considera un politico mediocre anche se un mediocre in buona fede. Sempre meglio di Andreotti, avversario abile ma cinico. Con l'abituale doppiopetto blu, cravatta scura, le spalle come sempre un po' curve, Moro entra nello studio al Colle, che ben conosce, con il presidente della Repubblica che gli va incontro. Leone e Moro sono legati da un collaudato rapporto di stima e di amicizia: entrambi docenti della stessa disciplina (Moro è stato assistente di Leone quando il capo dello Stato insegnava a Bari Diritto e procedura penale). Nel 1955 Aldo Moro si fece da parte per consentire a Leone di essere eletto presidente della Camera. Adesso Leone è disposto a restituirgli il favore: ha già deciso di nominarlo senatore a vita per spianargli la strada verso il Colle. Per una vecchia consuetudine i due personaggi si incontrano almeno una volta al mese. Al Quirinale l'uomo che accoglie Moro a braccia aperte si dibatte in una lenta e dolorosa agonia politica. Da mesi è bersaglio di una campagna di stampa spietata. Gli viene rinfacciato di tutto: la rapida carriera politica, la figliolanza irrequieta, le amicizie disinvolte e, perfino, la moglie troppo bella. Intorno a lui si è fatto il vuoto e i primi ad abbandonarlo sono stati gli «amici» della Dc. Il capo dello Stato, allo stremo, sta seriamente pensando di fare i bagagli. Lo frena l'orgoglio: non vuole che le sue dimissioni sembrino una resa incondizionata ma piuttosto vuole essere ricordato come il protagonista di un atto di coraggio. Un gesto responsabile da parte sua che consenta una soluzione il più possibile indolore alla crisi istituzionale. Con Moro ne aveva già parlato a Natale: «Sette anni al Quirinale sono davvero troppi. Vorrei lasciare la carica con un po' d'anticipo. Anche Zaccagnini sembra d'accordo». Il 9 marzo Leone torna alla carica: «Aldo, se tu accetti, me ne vado». Moro è contrario: «Devi tenere duro, non dare retta alle provocazioni. La campagna di stampa contro un cattolico al Quirinale è fin troppo chiara. Dopo le tue dimissioni nessun democristiano potrebbe succederti» dice a Leone. Inoltre, secondo Moro è necessario prima di tutto rinsaldare l'accordo con il Pci per fare in modo che la successione al vertice della Repubblica sia naturale e concordata con tutte le forze della nuova maggioranza. Nella certezza di essere il candidato favorito, Moro preferisce quindi aspettare e non essere indicato tra quelli che soffiano sul fuoco nella polemica contro il traballante inquilino del Colle.

Quella mattina, tuttavia, anche a Moro non mancano motivi di amarezza. Qualche giorno prima la Corte Costituzionale ha esaminato (anche se poi ha deciso di non tenerne conto) le accuse con cui in qualche modo si è tentato di coinvolgerlo nello scandalo Lockheed. Con Leone, Moro parla anche di questo. Esprime il suo rammarico. È convinto che dietro queste accuse si nasconda una manovra diretta a metterlo politicamente fuorigioco. Il capo dello Stato lo conforta: «Non te la prendere, sono tempi difficili per tutti». Al momento del congedo Moro chiede a Leone a che punto sia l'iter di un provvedimento di grazia per un detenuto. Il leader Dc ha preso molto a cuore questo caso umano e prega l'amico di interessarsene.

Durante i 55 giorni del rapimento di Aldo Moro fui spedito dalla direzione del *Corriere della Sera* stabilmente in piazza del Gesù a presidiare il primo piano della sede della Dc. Qui si svolgevano le riunioni del sinedrio a cui il partito aveva affidato il compito di vigilare sull'andamento delle trattative per la liberazione del prigioniero. Affinché non avessero buon esito. Non si concludessero, cioè, mai e in nessun caso con uno scambio politico, o di altra natura, con i terroristi. Fin dal primo momento la linea adottata dal partito di cui Moro era il presidente non ebbe alternative. L'unica possibilità che aveva l'autorevole ostaggio di uscire vivo dalla prigione del popolo era il quasi impossibile rilascio senza condizioni. Con il trascorrere del tempo e con la pubblicazione degli scritti di Moro, all'inizio accorati, imploranti ma poi pervasi da risentimenti sempre più oscuri e minacciosi, nel vertice democristiano – che aveva come organo operativo un comitato composto dal segretario Benigno Zaccagnini e dai suoi consiglieri fidati Guido Bodrato, Giovanni Galloni, Franco Salvi e Giuseppe Pisanu – cominciano a serpeggiare i più inquietanti interrogativi. Quale Aldo Moro si sarebbero ritrovati di fronte i suoi «amici» di partito, una volta che fosse stato liberato. Sicuramente non più il mite professore che dialogava con gli studenti e neppure il democristiano protagonista di sopraffini compromessi. Quanto dello statista artefice delle più ardite operazioni politiche – dal centrosinistra al compromesso storico – sarebbe sopravvissuto nell'uomo inevitabilmente trasfigurato da una tanto devastante esperienza? Anche perché nel mentre i messaggi si succedevano, implacabili, in modo altrettanto implacabile si rafforzavano i bastioni del cosiddetto partito della fermezza. Una roccaforte inespugnabile sorvegliata senza tentennamento alcuno da un'informazione unificata e implacabile anch'essa.

Trascorso quasi mezzo secolo da quegli eventi possiamo serenamente affermare che il giornalismo della fermezza non fu sempre ispirato dalle ragioni sacrosante della guerra al terrorismo. Siamo in molti a pensare che Moro molto difficilmente sarebbe uscito vivo dalla sua cella. E che la sua unica possibilità di salvare la pelle fosse affidata a un blitz militare. Come apprenderemo dopo, le forze dell'ordine ci andarono molto vicino, ritardate da alcuni «imprevisti» (l'enigma-imbroglio di via Gradoli scambiata per il paese di Gradoli, la seduta spiritica di casa Prodi). Non abbastanza vicino per irrompere nel covo, sgominare gli aguzzini e salvare l'ostaggio. A partire dal 29 marzo le Br cominciano a recapitare con regolarità le lettere autografe del presidente democristiano. Quando, due giorni dopo il sequestro, alla sede del *Messaggero* arriva la foto di Moro che ha alle spalle il drappo con la stella a cinque punte, Galloni dichiara commosso: «La serenità e la grandezza d'animo di Moro risultano anche da questa fotografia». Ma, dieci giorni più tardi, la lettera del leader Dc a Cossiga crea «stupore e imbarazzo». Eppure, il detenuto nel cosiddetto carcere del popolo non ha scoperto del tutto le sue carte. Un vero e proprio dramma scoppia il 4 aprile quando, nella prima lettera indirizzata a Zaccagnini, Moro chiede, questa volta senza mezzi termini, lo scambio di «prigionieri» proposto dalle Br. Si può dire che da quel momento egli cesserà di essere il capo politico dei democristiani: le sue invocazioni cancellano il carisma, fino a quel momento indiscutibile. Improvvisamente, per quelli che lo ammiravano e lo temevano si è trasformato in un pover'uomo in balia del suo destino. Lo specchio dello smarrimento democristiano emerge nella nota pubblicata da *Il Popolo*: «Come possono comprendere i lettori, il testo della lettera a firma Aldo Moro indirizzata all'onorevole Zaccagnini rivela ancora una volta le condizioni di assoluta coercizione nelle quali simili documenti vengono scritti e conferma che anche questa lettera non è moralmente a lui ascrivibile». Segnatevi le parole «non è moralmente a lui ascrivibile»: esse contengono il dispositivo di una sentenza politica che non ha contatto alcuno con l'altra sentenza, quella che sarà eseguita il 9 maggio. Ma che, in qualche modo, procede nella stessa direzione. Convergenze parallele, si potrebbe dire adottando una formula resa celebre dall'uomo che ora implora: «Aiutatemi». Anche Montecitorio quella sera è sotto choc. Pochi esprimono dubbi sull'autenticità del testo, tutti, o quasi tutti, sono invece d'accordo nell'attribuire agli effetti di una tremenda «violenza psichica» le affermazioni contenute nel messaggio. I democristiani si dicono soprattutto colpiti dalle espressioni dure, spietate che Moro rivolge al segretario della Dc. Com'è possibile pensare a un giudizio consapevole quando sappiamo che Moro considera Zaccagnini come un fratello? Dal vicino palazzo di via delle Botteghe Oscure, Giorgio Amendola non ha dubbi: «La lettera non è di Moro».

L'arrivo delle lettere provoca forti contraccolpi nel sistema dell'informazione unica dove i direttori dei principali quotidiani si consultano ogni sera per concordare linea e titoli. L'affare Moro rappresenta per la stampa italiana una drammatica occasione di autocoscienza. Nelle redazioni, l'organizzazione del lavoro è appesa all'«agenda» delle Br. Quest'assoluta dipendenza dalle decisioni del nemico mortale della democrazia comporta accesi dibattiti. Soprattutto sull'opportunità di pubblicare i comunicati, e con quale rilievo. C'è chi si batte perché i giornali adottino l'autocensura, per non dare spazio a «quei mostri sanguinari». Poi, naturalmente, con l'arrivo della lettera di Moro («che non è più lui») o del volantino (sempre «farneticante») le prime pagine vengono smontate in fretta. Tirature e vendite schizzano alle stelle.

Di come la stampa tratta la figura di Moro si occupa Umberto Eco, che distingue una prima fase. Quella di Moro subito dopo il rapimento.

Enfasi retorica. Il leader rapito è stato presentato con accenti eroici che salivano di giorno in giorno. Sono state spese colonne intere per celebrare la sua forza d'animo, la sua serenità temprata e dalla pietà e dall'esercizio fisico, la sua indubbia capacità di resistere a ogni pressione. Il colmo dell'esaltazione si è verificato all'arrivo della prima foto: era senza dubbio la foto di un uomo provato che si sosteneva davanti all'obiettivo con un minimo di dignità, senza ovviamente lasciarsi andare a manifestazioni di panico, ma con dimessa «normalità».

«Ebbene» prosegue Eco «tutti ricordiamo quanto si è detto dell'indefettibile forza d'animo che questa foto dimostrava, come se si fosse trattato di Enrico Toti che lancia la sua stampella in faccia al nemico.»

Insomma, la costruzione del mito procede instancabile sino a raggiungere vette insostenibili. Insostenibili da Moro e dalla stampa. Infatti, dopo un po' è arrivata la posta. Che conteneva qualcosa in evidente contrasto con il mito costruito in precedenza: erano, se autentiche, le lettere di un uomo, mentre nei giorni precedenti si era costruito un superuomo. L'arrivo delle lettere provocava un brusco rovesciamento di registro. La stampa non aveva potuto fare fronte alla «catastrofe della propria costruzione retorica»; aveva costruito un eroe omerico ma i nuovi dati non corrispondevano ai *cliché*. Si trattava, dunque, di punire l'eroe per il fatto che non corrispondeva al modello in cui lo si era irrigidito. Di qui la delusione e il rimprovero a Moro di non essere stato all'altezza del compito. Così Eco.

La polemica sul vero e falso Moro finisce per coinvolgere anche gli intellettuali. Deflagra quando Leonardo Sciascia si fa portavoce della tesi più radicale: il Moro del carcere è il solo autentico e, inoltre, i partiti potevano salvarlo ma hanno preferito sacrificarlo. La polemica procede per paradigmi: gli oppositori di Sciascia gli rispondono che Moro non era altro che un firmatario di veline. In seguito, nell'*Affaire Moro* Sciascia accuserà il Pci di Berlinguer di aver anteposto alla vita di un uomo, di Aldo Moro, il suo essere «statista». Un'idolatria dello Stato e per lo Stato che, a giudizio dello scrittore siciliano, rappresentava una «grandiosa messinscena». In realtà, il Berlinguer che escludendo la trattativa, eliminava di fatto ogni possibilità di salvezza per l'ostaggio, oltre alla visione goethiana dello Stato era pressato da problemi non certo minori.

Il carattere stesso dell'azione portata contro Moro dimostra che dietro il terrorismo agiscono forze internazionali potenti che hanno riferimenti importanti nell'apparato stesso dello Stato. Basti pensare alla massa di informazioni che i terroristi hanno dimostrato di aver raccolto per realizzare il blitz. Ma nel Pci si vive un incubo. I rapitori di Moro si chiamano Brigate Rosse e si definiscono l'organizzazione armata di sinistra. I dirigenti comunisti sanno bene che molti dei quadri che compongono la struttura del «partito armato» hanno militato nelle loro file. Ne sono usciti o sono stati cacciati, ma questa pur fondamentale circostanza non fa dimenticare a molti la loro matrice ideologica. Quasi per bloccare sul nascere qualsiasi speculazione, il Partito comunista è stato il primo a denunciare l'infiltrazione dei brigatisti nelle fabbriche. In un'intervista rilasciata il 17 marzo al *Corriere della Sera* il senatore Ugo Pecchioli, incaricato dal partito di seguire la vicenda Moro, è categorico sull'argomento e fa i nomi delle aziende dove i brigatisti hanno le loro basi d'appoggio: la Sit

Siemens, la Sip, l'Enel. Qualche settimana dopo il Pci sarà costretto a smentire «con sdegno» una notizia: la consegna alla magistratura romana di un dossier con i nomi di duecento comunisti espulsi dal partito in passato e ora sospettati di complicità con le Br che hanno rapito Aldo Moro. «Una sporca menzogna per fare gridare a destra che anche noi comunisti abbiamo avuto dentro casa la serpe del terrorismo e per farci accusare da sinistra di essere diventati delatori dello Stato repressivo. Questo non vuol dire però» fanno sapere al Bottegone «che, in presenza di dati certi nei confronti dei terroristi, li terremmo per noi senza farli arrivare agli organi dello Stato». Di fronte al pericolo delle Br, «mortale per la democrazia», il Pci mobilita tutti i suoi iscritti. Con impegni precisi a «vigilare», per bloccare, seguendo l'invito esplicito di Berlinguer, chi si appresta a compiere «un delitto contro gli ordinamenti democratici della Repubblica». I comunisti devono pensare seriamente anche a difendersi dal fuoco delle Brigate Rosse, come dimostrerà, nel gennaio del '79, l'uccisione del sindacalista della Cgil, Guido Rossa. In un documento che in copertina riproduce la lugubre stella a cinque punte, diffuso a Torino e dedicato a un'analisi della situazione interna della Fiat, le Br si occupano dei *berlingueriani* e della burocrazia sindacale che per conto della multinazionale Fiat svolgerebbero una funzione di «destabilizzazione prima e di annientamento dopo della resistenza della classe operaia». Esplicite minacce che costringono il partito a blindare le proprie sedi e a dotare Enrico Berlinguer, insieme a quella fornita dal Viminale, di una scorta di comunisti armati fino ai denti.

Stretto in questa morsa micidiale, poteva Berlinguer concedere spazio al partito della trattativa per salvare Moro senza farsi travolgere? Probabilmente no. Proviamo a riformulare la domanda che riguarda tutto il partito della fermezza: si può barattare la vita di un uomo in nome della ragion di Stato? Ma se pure chi sentiva su di sé il peso di una gigantesca responsabilità politica e umana merita comprensione, non si può sottacere il ruolo ambiguo che l'informazione quasi al completo decise di giocare in quella partita mortale. Nessuno scrisse: «Moro deve morire». Ma il vento che soffiava nelle vele dei giornali, e che gonfiava le tirature, andava in quella direzione. Fino all'epilogo inevitabile. Vi furono eccezioni tra i miei colleghi? Ci fu qualcuno che cercò di fermare la mannaia frutto del combinato disposto terrorismo-fermezza? Furono pochi ma ce ne furono. Per tutti gli ardimentosi che scrissero controvento mi piace ricordare il nome di Giuliano Zincone. Un grande inviato, un talento indiscutibile, un signore. Che mettendosi contro il pensiero unico della «fermezza» salverà una vita umana. Da direttore de *Il Lavoro* di Genova (piccolo e glorioso foglio – lo aveva diretto anche Sandro Pertini – ma all'epoca conciato piuttosto male). In ballo c'era la vita del giudice Giovanni D'Urso, sequestrato dalle Brigate Rosse nel dicembre del 1980. I terroristi si dissero disposti a liberare il magistrato, anziché ucciderlo, in cambio della pubblicazione su un giornale di un comunicato dei detenuti nelle carceri speciali di Palmi e Trani. Giuliano lo pubblica quel comunicato: proprio in fondo a una pagina di fumetti, in corpo 5, con caratteri così minuti da risultare quasi illeggibili. E D'Urso viene liberato. Quando nel giugno del 2013 Giuliano ci lascia, il suo amico e compagno di battaglie Francesco Cevasco scrive: «Zincone "frega" le Brigate Rosse, ma la P2, che non voleva "cedere ai terroristi", "frega" lui: lo caccia dalla direzione del *Lavoro*». Tutto si tiene.

Ahi, la P2! Il 21 maggio 1981, sono protagonista involontario di un dramma, meglio di uno psicodramma, che in poche ore porta alle dimissioni di Franco Di Bella – il mio direttore – dalla poltrona più alta del *Corriere della Sera*. Di mattina presto – ricordo che c'era un bel sole – veniamo avvertiti che Palazzo Chigi, di lì a poco, renderà pubblici gli elenchi con i nomi degli iscritti alla loggia P2 di Licio Gelli. Materiale sequestrato un paio di mesi prima – grazie all'indagine di Gherardo Colombo e Giuliano Turone – nella villa del Venerabile a Castiglion Fibocchi. Grazie soprattutto alle pressioni esercitate dal leader repubblicano Giovanni Spadolini, l'allora presidente del Consiglio, il Dc Arnaldo Forlani, si era deciso a rendere noti quei nomi e cognomi bollenti per evitare la crisi di governo. Incaricato di mettere le mani sugli esplosivi libroni porto a termine la missione e verso mezzogiorno mi presento trafelato in redazione con il prezioso plico. Sono preoccupato: mi è stata sufficiente una sbirciata alla lista per capire che nel giornale che mi paga lo stipendio le cose stanno per mettersi male. Assai.

Entro nella sala riunioni, zeppa di colleghi in attesa, e il caporedattore Martinelli in collegamento con la direzione milanese, annuncia al microfono: «Franco, è arrivato adesso Padellaro con gli elenchi». E Di Bella: «Dicci Antonio, di che nomi si tratta?» E io, tutto d'un fiato: «Veramente direttore c'è anche il tuo». Non dimentico il silenzio infinito e il ronzio di un ventilatore. Poi, dall'altoparlante scendono come un soffio mortale una voce e tre parole: «Bene, scrivete tutto». Nel pomeriggio Di Bella lascerà per sempre via Solferino.

Non ho mai conosciuto di persona Licio Gelli, anche perché ai tempi dello scandalo P2 noi umili cronisti nulla sapevamo dei sabba organizzati dal Venerabile con il banchiere dell'Ambrosiano Roberto Calvi e con Bruno Tassan Din, sovrintendente della Loggia per gli affari del gruppo editoriale. Avevamo sentore dei problemi finanziari della Rizzoli e, malgrado il direttore cercasse di tranquillizzarci, un certo odore di zolfo arrivava lo stesso ai piani bassi del *Corriere*. Di quegli anni, tuttavia, non conservo un brutto ricordo nonostante il più grande quotidiano italiano fosse costretto a tenere bordone a golpisti assassini come gli argentini Videla e Massera, oltre a veicolare progetti cripto fascisti di rinascita nazionale.

Quando il complotto massonico viene finalmente smascherato e il *Corriere* piomba nell'inverno della Quaresima e della giusta espiazione, di tanto in tanto tra noi giornalisti riemerge, nella chiacchiera davanti alla macchinetta del caffè, una velata nostalgia per la stagione del traviamento. Del resto, l'interessata omertà che aveva consentito la pubblicazione sul nostro giornale della famosa intervistona di Maurizio Costanzo a Gelli, «il burattinaio», senza che volasse mosca, si rifletteva esattamente uguale a ogni livello del sistema di potere nazionale: dagli alti vertici militari ai servizi di sicurezza in blocco, da legioni di parlamentari a pezzi decisivi dell'alta burocrazia e dell'informazione.

Gelli diventerà un appestato solo dopo l'incursione della Guardia di Finanza a Villa Wanda. Prima, come sappiamo, plotoni di potenti (e di aspiranti potenti) facevano anticamera al Grand Hotel di Roma bramando la sua benedizione.

Adesso che il Venerabile ci ha lasciati, sappiamo che nell'alternarsi delle repubbliche altri burattini si sono avvicendati nei vari piani del potere, pur senza eguagliare la mefistofelica grandezza del prototipo. Tanto che oggi, visto che il Piano di Rinascita nazionale è stato realizzato in molti suoi aspetti, la domanda è: un Gelli occorre ancora?

Quanto all'ingerenza della P2 al *Corriere* ricordo che ogni tanto Maurizio Costanzo mi chiamava per una qualche comparsata su *Contatto*, il tg della Rizzoli, che insieme al quotidiano popolare, l'*Occhio* (altra creatura di Costanzo), aveva dato una scossa al panorama immobile dell'editoria italiana. Con le sue indubbie qualità professionali, il futuro inventore dello show del teatro Parioli, non avrebbe avuto alcun bisogno della tessera piduista per fare carriera. Eppure, per una qualche misteriosa ragione psicanalitica subì anch'egli il fascino degli incappucciati. Soprattutto di Tassan Din, che di Gelli era il profeta in via Solferino.

Un giorno Costanzo mi prende da una parte e mi sussurra: «Ti farò conoscere un uomo buono». Mi introduce in una stanza spoglia come la cella di un monaco buddista. Unica concessione alla comodità è un piccolo divano. Seduto con il capo leggermente reclinato sulle gambe, come in un esercizio yoga, «l'uomo buono» mi accoglie come fosse un misericordioso pastore di anime alle prese con la pecorella smarrita. Mi colpisce la sua magrezza, l'aria insonne. Immagino trascorra le notti chino sui bilanci disastrati della Rizzoli. Le mie inclinazioni sinistrorse gli devono essere note: non si perde in chiacchiere inutili, si informa sul mio stato di salute poi mi congeda con una specie di benedizione e annesso viatico: «Stia vicino al suo direttore, mi raccomando». Davvero uno strano mondo quello, con tanti buoni sentimenti esibiti ma dove si può finire impiccati sotto un ponte di Londra come il banchiere Roberto Calvi. Soddisfatto, Maurizio mi predice un luminoso avvenire televisivo a patto che segua i suoi consigli (e forse, da questo punto di vista, gli avrei dovuto dare retta). Rientrato al giornale ricevo la telefonata di un alto dirigente comunista che, chissà come, ha saputo del mio incontro segreto. Mormora: «Mi raccomando stia vicino al dottor Tassan Din, è una persona buona». Dimenticavo: nel momento peggiore degli Anni di piombo il mio nome risulta in una lista di obiettivi delle Br (almeno così mi comunica Di

Bella). Mi assegnano un tizio di scorta che mi segue dappertutto, anche dove non dovrebbe. Me ne libero presto. Più tardi si scoprirà che della «protezione» dei giornalisti del *Corriere* (anche di Angelone Rizzoli) si occupava una società di proprietà di Gelli. La P2 del tutto compreso.

5

La legge del chissenefrega

Come sarà la mia vita lontano dal Fatto Quotidiano? *Mentre attendo che il verdetto, la copertina blasfema (?) di* Charlie Hebdo *si materializzi sullo schermo del computer mi vengono in mente alcune frasi che devo avere appuntato da qualche parte. In un libro già scritto ma previdente. «A una certa età i funerali sono l'unica vita sociale che ci tocca.» Oppure: «Quando uno dei miei amici muore, è come se avessi vinto un concorso» dice Alan Arkin a Michael Douglas, o viceversa, nel* Metodo Kominsky, *serie Netflix, dove interpretano ciò che sono anche nella vita, due persone anziane. Coppia di Pipì boys, con umilianti problemi alla prostata («piscio con l'alfabeto Morse, punto, linea, punto») accompagnati da una affilata, lugubre, strepitosa autoironia. Anche se penso di non avere ancora un piede nella fossa, spesso vengo trattato con quella pietosa sollecitudine che i giovani bene educati dedicano ai vecchi ancora inconsapevoli di esserlo. Per esempio, una mano protesa con un sorriso complice mentre salgo sul bus. Forse capita a tutti coloro che hanno lasciato per limiti d'età una posizione di rilievo (per esem-*

pio, la direzione di un giornale) sentirsi chiedere come trascorrono le giornate. In genere, l'interrogativo standard è: ma tu adesso cosa fai, vai sempre al giornale? Dietro l'avverbio chiave «adesso» si nasconde un pietoso sottotesto che potrebbe occupare una intera biblioteca a proposito della fine della vita attiva, sul rimpianto, sulla nostalgia, sul tempo perduto. La noia delle giornate che non finiscono mai (la colf che la mattina passa l'aspirapolvere e ti chiede, dottore, di alzare le gambe per non intralciare l'elettrodomestico). E sulla sadica percezione che ha di te, fatalmente superfluo, il prossimo tuo. Per gli anni che verranno dovrò dunque studiare una tattica. Rispondere, per esempio, come rispose un malconcio Robert Mitchum, mentre gironzolava pressoché ignorato a Cannes, a chi gli domandava: ma tu adesso che fai? Rispose mestamente: io piango. Che è un po' come il «sono andato a letto presto» di Robert De Niro-Noodles in C'era una volta in America, *quando chiedevano come avesse trascorso gli ultimi anni fuori dal giro.*

Un giorno imprecisato intorno al Duemila. Quando eravamo re. Sulla parete, accanto al calendario dell'Arma dei Carabinieri è appeso il ritratto del presidente Carlo Azeglio Ciampi. Una poltrona austera e soffice. Un vasto tavolo di noce. Il direttore (qualunque direttore: la manualistica del comando è standard) attende che il brusio di preludio alla messa cantata di mezzogiorno si plachi al cospetto dell'Autorevolezza, dell'Esperienza e, naturalmente, dei Vasti Poteri conferiti dall'articolo sei del Contratto nazionale di lavoro. Egli sa bene che non occorre chiedere l'attenzione di chi lo circonda – vicedirettori, capi e capetti di vario genere, inviati e un qualche redattore ordinario (o redattrice), meglio se giovane e desideroso/a di ben figurare – poiché essa, l'attenzione collettiva, si concentra sul vertice della piramide. L'occhio del comando si irradia, la pupilla scatta, il sorriso di circostanza si stringe in un broncio severo. La mimica trasmette la ferma intenzione di non perdersi in chiacchiere superflue. Si pretende uno sforzo di concreta creatività da quella gerarchia di visi protesi, di crani pulsanti, di ambizioni mal riposte. Bene signori, coraggio con le proposte. Chiunque abbia una certa familiarità con le messe cantate dei giornali conosce lo sfrigolio delle carni e il marchio a fuoco del *chissenefrega.* Sono riunioni nelle quali mantenere un cauto silenzio, se esso evita il rischio di interventi improvvidi, viene considerato, alla lunga, non segnale di cauta saggezza bensì indice di scarsa personalità, scarsa curiosità e, dunque, scarsa attitudine al comando. Esporsi può generare misurato consenso, espresso con un grazioso cenno del capo della direzione apicale, accompagnato dal positivo mormorio circostante. Oppure: pollice verso. Non esiste un criterio preciso che stabilisca cosa sarà gradito e cosa no. Esiste sicuramente una lista nera di argomenti che sarà prudente non sfiorare. E se contravvieni alla consuetudine, l'insofferenza direttoriale si porterà appresso la piccola valanga della riprovazione circostante. Se l'hai sparata grossa, lo scoprirai in simultanea. Esiste il *chissenefrega* in forma di sorridente imprecazione, nei cui interstizi potranno comunque rintracciarsi dosi di comprensiva bonarietà. Del tipo: hai detto una fesseria, può capitare, ma basta così. Più cupo il *chissenefrega* sibilante, privo di spazio per ripensamento alcuno: giudizio secco e senza appello. Peggio di tutto è il silenzio glaciale della suprema direzione, sorta di giudizio universale al cospetto di una proposta che neppure doveva essere concepita. Un maldestro, per esempio, riferimento a Ustica (la Strage) ed è meglio, poi, tacere per sempre. Ustica, per la gerarchia di comando, è stato a lungo l'Oscar della sfiga dattilografa, l'Everest del già scritto e letto miliardi di volte, le palle che rotolano, lo sbadiglio incorporato. La prova provata che, dannazione, questo mestiere è davvero finito, affidato com'è a menti livellate da letture squallide, frequentazioni squallide, e quasi certamente mogli, fidanzate, amanti inesorabilmente squallide. Dio, ma non c'è proprio nessuno che abbia qualcosa di sorprendente da proporre? (Quanto detto e scritto sarà cancellato davanti a un evento imprevisto, come la prematura scomparsa di Andrea Purgatori che sul caso Ustica produsse scoop sensazionali e che dunque sarà debitamente onorato *post mortem* e ricordato come esempio mirabile di giornalismo civile. Alla memoria). Finché, un temerario alza la mano: «Ci sarebbe la storia dell'aereo esploso sulla scuola di Casalecchio».

Direttore: Sentiamo... (spazientito pensa: sarà un'altra Ustica del cazzo, questa delle tragedie del cielo è una vera fissazione).

G: Sette anni dopo la Cassazione ha stabilito che il pilota non era colpevole.

D: E...?

G: È un altro caso di malagiustizia sul modello «le vittime hanno torto e i responsabili fanno carriera».

D: (trattenendo uno sbadiglio): Interessante, ma cosa possiamo aggiungere a ciò che hanno scritto gli altri? Abbiamo materiali nuovi? Esiste un'altra angolazione di racconto? Siamo davvero convinti che il pilota fosse così colpevole? Non sarebbe la prima volta che si cavalca l'onda emotiva per lucrare pingui risarcimenti. Mi riferisco agli avvocati, perché alle famiglie delle vittime va, naturalmente, tutta la nostra umana solidarietà. Ecco, se riuscissimo a dimostrare, carte alla mano, che qualcuno ha preteso troppo, che dietro c'è una questione di soldi, ecco allora forse... Okay, ci sono altre proposte?

Camminiamo intorno al muro di cinta, basso, sovrastato da una grata di ferro smozzicato dalla ruggine, ma non troviamo un varco e allora scavalchiamo. L'ingresso della palazzina è sbarrato da assi di legno inchiodate. Si potrebbe entrare lo stesso, ma noi cerchiamo l'apertura che è sul lato opposto dell'edificio giallastro, circondato da un prato di dimensioni modeste confinante con i condomini della periferia di Casalecchio. Sulla parete, all'altezza del secondo piano, lo squarcio dove l'Aermacchi si infilò – il 6 dicembre del 1990, uccidendo 12 studenti e ferendone 82 – è una grande orbita vuota. Con i bordi sfregiati dallo sfasciume dei calcinacci penduli, e dentro una sorta di fondale di compensato marcito, per celarne, in parte, l'oscenità. Vittorio Gennari indica la cavità e ne descrive il profilo dettagliatamente, vittima soggiogata del suo aguzzino. È un esuberante sabato di tarda estate. Le buganvillee splendono, le azalee esultano, gli aghi di pino frusciavano sotto le suole, dal vicino parco giungono le voci dei bimbi giocosi, la scuola sventrata è un antro dove di notte, chissà, si odono echi di giovani vite spezzate. Che ci faccio qui, mille chilometri a nord del mio mondo abituale popolato di leader politici, grandi imprenditori, star della comunicazione? Perché sto ad ascoltare un racconto triste, struggente, ma, presumo, così poco appassionante per il cosiddetto giornalismo di qualità? Racconta Gennari. «Nessuno mi sapeva dare notizie: Mah, si deve rivolgere all'Ospedale Maggiore, perché lì c'è qualcuno che è ferito. Però, man mano che andava avanti la cosa si faceva sempre più grave, nel senso che vedevo gente con gli occhi sbarrati, gente che era non lo so, disorientata. Io correndo come un assatanato chiesi un passaggio in auto a un altro signore e mi feci accompagnare all'Ospedale Maggiore. Lì trovai altri genitori nella sala d'attesa improvvisata nell'aula magna. Mi avvicino e chiedo: ma sapete niente di Alessandra? Mah, dicono, stanno dando tutti i nomi dei feriti. E, infatti, su un tabellone luminoso comparivano delle scritte. Però non trovavo il nome di mia figlia. In quel momento entrano nella sala alcuni di Bologna Soccorso, il 118, e dicono: Tutti quei genitori che non trovano sul tabellone il nome dei loro figli dovrebbero venire con noi all'istituto di Medicina legale. Giunto lì telefono a mia moglie: Ma come era vestita l'Alessandra? E lei:

Aveva messo le scarpe che le avevo comprato l'altro giorno, e indossava un maglione fatto in un certo modo, e la camicia così e così... A Medicina legale mi hanno chiesto chi fossi. Sono Vittorio Gennari, sono il papà di Alessandra... Mi può descrivere Alessandra? Mi sentii gelare. Fu in quell'attimo che per la prima volta mi resi conto che, probabilmente, Alessandra non c'era più. Chiedo: Ma serve che io le racconti come mia figlia era fisicamente? Sì, ci serve... Era una ragazza alta, che aveva un neo sulla gamba. Balbettavo: Ma perché devo dire questi particolari? Non riuscivo a capire. O forse, mi sforzavo di non capire. Poi mi chiamarono, e qui diventa qualcosa di impossibile da raccontare, ma è bene che queste cose si sappiano, perché la gente deve capire che non si può morire nel modo in cui sono morti i nostri figli».

La tragedia dell'aereo nella scuola mi ballava dentro da quando una sera, credo fosse a *Moby Dick*, la trasmissione di Michele Santoro, avevo intravisto alcuni genitori dei ragazzi morti, trattati come comparse di uno *Horror Strage Show*. Ma porca miseria, chiamate questi disgraziati, li costringete a scavare dentro la propria angoscia, li illudete che sofferenze e ingiustizie avranno finalmente un giusto risarcimento mediatico, e poi, quando si sta per arrivare al cuore del problema e si punta il dito contro chi è responsabile di tanto orrore e dolore, be' si interrompe tutto lì: oh, ci dispiace, non abbiamo più tempo. O forse la mia è una deviazione dalla vita reale, e dalla mia cattiva coscienza, che mi sono concesso mentre andavo a fare la millesima intervista politica. Adesso mi rendo conto che nell'ansia di riscatto mi sto impegnando anch'io a svuotare il cuore di quest'uomo. E poi per farne cosa? Spacciare per inchiesta-verità il suo tormento, spalmato su due o tre pagine nel prossimo numero in edicola? Forse, davanti a questa parete sventrata, tomba della memoria, tana di ratti e inconfessabili rimorsi, avrei dovuto dirgli come stanno realmente le cose. «Mi portarono davanti a quella massa informe che forse era mia figlia... L'ho sfiorata appena e quindi ho avuto la sensazione che non augurerei a nessuno. Perché non so, l'idea che quella fosse mia figlia era raccapricciante, insomma, qualcosa di impossibile, infatti mi ricordo qualcosa di bruciacchiato. Una ragazza di 15 anni vederla ridotta in quello stato, era qualcosa di... cioè, era tutta la nostra vita, quella mia e di mia moglie ridotta... cioè non c'era più niente perché lei rappresentava le nostre speranze, i nostri sogni, il nostro riscatto».

Anche Claudio Rinaldi (che risponde al modello del direttore «spietato», più uno smisurato talento) mal sopporta i disastri aerei ma è stato il primo a capire che Berlusconi si sarebbe dato alla politica, forse prima ancora di Berlusconi stesso. Sull'uomo di Arcore racconta storie divertenti. Del tipo: la mattina che deve intervistarlo per *Espansione*, siamo nel 1977, Claudio trova sul pianerottolo della casa dove abita 17 casse di vino, per un totale di 204 bottiglie. «Nettare delle Terre Rosse, riserva speciale Silvio Berlusconi», recita l'etichetta. Un gesto propiziatorio tipico del personaggio. E ancora, quando le reti Fininvest vengono oscurate dei pretori, una sera, molto tardi, Rinaldi è a Roma davanti all'edicola di piazza Colonna ad aspettare la prima edizione dei quotidiani. Da un'auto scendono, guarda caso, il Berlusca e Fedele Confalonieri. «Lo vidi avvicinarsi. Lui mi fece un segno di saluto. Mi colpì la sua espressione frastornata e il fatto che fosse incredibilmente basso, probabilmente non aveva ancora le scarpe con il tacco rialzato. Mi venne spontaneo dargli una pacca sulla spalla e benché non avessimo nessuna familiarità mi uscì una battuta: "Siamo al buio, eh..." Lui non apprezzò affatto, mi guardò con occhi sbarrati e colorito terreo e sgusciò via.» Poi, nel 1990 Berlusconi si impadronisce della Mondadori e a farne le spese è proprio Rinaldi, che viene cacciato dalla direzione di *Panorama*. Al momento del congedo, nell'accompagnarlo fuori dall'ufficio, il nuovo padrone tira fuori il libretto degli assegni e fa: «Comunque, dottore, se lei vuole rimanere agganciato al nostro gruppo con una consulenza, io ne sarei felice».

Oltre che dallo scontro cruento con il Cavaliere, quei nostri anni all'*Espresso* sono segnati dalla guerra fredda con Massimo D'Alema. Claudio lo definisce un primo della classe, un po' saccente e non attraversato da grandi passioni. Gli screzi con il leader Maximo sono frequenti. Finché arriva un pranzo riconciliatorio, durante il quale il futuro presidente del Consiglio sostiene che Giampaolo Pansa – allora condirettore dell'*Espresso* – non capisce niente di politica e che Romano Prodi – candidato premier dell'Ulivo, indicato dallo stesso D'Alema – ne capisce ancora meno di Pansa.

In quegli anni Claudio non accenna mai al male che lo consuma lentamente: la sclerosi multipla. Un giorno noto che pur non essendo mancino tiene la biro – con cui corregge perfino le virgole del settimanale – con la mano sinistra. Sul momento non capisco perché. Poi, una volta mi racconta di quando ha capito di essere malato. Accade mentre è al volante di una spider e sta per raggiungere il casinò di Campione con un bel gruzzolo in tasca: all'improvviso le sue dita non riescono più a stringere la leva del cambio. Fino a un istante prima era un giovane uomo all'apice del successo, un giornalista potente, ammirato dalle donne.

Mi manca il suo pessimismo vigile, come quando la Roma vince tre a zero a cinque minuti dalla fine e lui ancora dubita della vittoria. O come quando gli racconto del nascente *Fatto Quotidiano* e lui prima scuote la testa dicendo: «Una cosa senza capo né coda» (un classico della perplessità rinaldiana) e poi mi incoraggia ad andare avanti. Mi mancano le sue domande impreviste sulle ragazze, gli accenni a quel misterioso romanzo che stava scrivendo e che un giorno, chissà, mi avrebbe fatto leggere. Mi manca un amico a cui telefonare.

Mi manca la sua ribalderia giocosa. Pochi sanno che il venerdì sera, dopo aver mandato in tipografia copertine e titoli dell'*Espresso* che normalmente facevano a fette il Cavaliere e il suo regno, Claudio partecipava ad appassionate partite di poker, con dei piatti che, a quanto sembra, non piangevano affatto. Suoi compagni di tavolo verde: Jas Gawronski (all'epoca, portavoce di Berlusconi a Palazzo Chigi); Giuliano Ferrara (ministro del primo governo Berlusconi); il principe Carlo Caracciolo (editore dell'*Espresso*). Come diceva Leo Longanesi, in Italia la rivoluzione non si può fare perché ci conosciamo tutti.

Quando fu che Giampaolo Pansa diventò di destra? Però, forse, il mistero è un altro: quando e perché Giampaolo Pansa smise di essere di sinistra? Non lo saprò mai ma io con lui avevo un conto in sospeso. All'inizio degli anni Ottanta, Pansa è l'inviato di punta di *Repubblica*. Eugenio Scalfari lo spedisce a raccontare l'Italia della politica, allora molto in voga, ma soprattutto i grandi processi di mafia e le celebrity del momento. Giampaolo si è costruito un suo stile «pop» nel senso del miglior giornalismo popolare: descrizioni accurate, dialoghi sfolgoranti, ma soprattutto metafore passate alla storia. Come la «Balena Bianca», con cui immortalerà la Dc. Per un novellino della carta stampata, come ero allora, quelle paginate costituivano materia di studio da scomporre e ricomporre per cercare di carpirne il segreto. Inutilmente. Quelle inchieste sono come la formula della Coca-Cola, di cui sono noti gli ingredienti ma non la chimica da cui scaturisce quel sapore inimitabile. Finché un giorno nel chiedere al mio direttore del tempo più spazio sul giornale pronuncio la sciagurata frase: «Vorrei essere il Pansa del *Corriere*». Al che Alberto Cavallari, che pure mi stimava, replicò sferzante: «Cerca di essere Padellaro, se ci riesci».

Con Giampaolo ci ritroviamo all'inizio degli anni

Novanta, all'*Espresso* dove lui ha seguito Claudio come condirettore. Lo ricordo come il paladino di una sinistra dura e pura preceduto da una leggenda: la tesi di laurea sulla guerra partigiana tra Genova e il Po, un testo non certo revisionista che avrà l'onore della pubblicazione con Laterza. Quando e perché la sinistra comincia a stargli sulle balle non si sa di preciso, ma nel marzo del 1999, sono testimone di una memorabile intervista con Walter Veltroni, all'epoca segretario dei Ds. A un dato momento il discorso cade sui tanti riciclati che affollano le liste del partito (antico problema), fenomeno che Veltroni tenta non senza impaccio di ridimensionare. Al che Pansa tuona: «Allora posso dirti: meglio votare per un riciclato che afferma di esserlo piuttosto che per dei vecchi stalinisti che vengono qui a farci lezioni di democrazia. Posso dirtelo che è pieno il vostro partito di questi signori burbanzosi che ci spiegano la rava e la fava...?» Invano Veltroni cerca di controbattere ma Giampaolo è un fiume in piena: «Ognuno di noi viene da lontano, capito? Io sono del '35, voi siete un po' più giovani ma posso dirvi una cosa: voi siete al governo perché siete appoggiati dai riciclati e anzi voi siete peggio dei veri riciclati». Cala un silenzio tombale e l'intervista s'interrompe lì.

Il Pansa successivo è quello del *Sangue dei vinti*, documentata controstoria sui crimini ignorati dalla Resistenza che manderà in bestia la sinistra e in sollucchero la destra che si sente, dopo mezzo secolo, riabilitata, e per giunta da uno scrittore considerato «compagno». Anche se in realtà Pansa comunista non lo è mai stato, piuttosto più vicino alla tradizione azionista dei Galante Garrone.

Sono gli anni del berlusconismo trionfante e il suo libro viene giudicato dai nostalgici del Pci un omaggio all'idea reazionaria dominante. Giampaolo si sente colpito ingiustamente e reagisce come un bufalo ferito pubblicando *La grande bugia*, una sorta di colonna infame di tutti quelli che gli hanno dichiarato guerra. Si trasforma in un Pansa avvelenato, vendicativo, rancoroso che da quel momento si dedicherà ai lettori di destra liberandoli dalle catacombe librarie. Un modo per andare controcorrente ma soprattutto la scoperta di un florido mercato editoriale.

Quando «prende cappello» Giampaolo sa essere insopportabile, ma bisogna riconoscere che sulla sinistra elegante di potere ha visto lungo. Un mondo a parte dove si costruiscono carriere e prosperità nel recinto protetto dell'opposizione. Una casta che quando conquista il governo accentua i propri vizi, scimmiottando il peggio degli ex avversari berlusconiani: il pavoneggiarsi vanesio, i vezzi da *nouveaux riches*, l'elicottero per tornare a casa, la fregola di pubblicare libri per farseli poi presentare da giornalisti compiacenti, prodighi di lodi come se stessero sfogliando Proust. L'antologia pansiana raccoglie pagine indimenticabili della nostra storia recente. La prima volta, per esempio, di Indro Montanelli alla festa dell'*Unità*: «Nella ressa il piccolo corteo si faceva strada a fatica tra un mare di gente in visibilio. In testa al corteo, luccicava la pelata di Paolo Mieli, flemmatico, badiale, un enigmatico sorriso da Gioconda sottovetro». E ancora: «Il magico Indro, nel procedere verso il Tendone Blu dei dibattiti eccellenti, sembrava una canna al vento. Un lungo fuscello di cristallo. Forte e fragile al tempo stesso, di una magrezza spettrale. Un signore di 85 anni che diventava altissimo nel sollevare le braccia da ragno».

La formula della Coca-Cola. Ma anche il giornalista che visse due volte.

6

L'ultima notte di Gardini

Nelle notti che precedono il lancio in edicola del Fatto *spesso mi sveglio di soprassalto. Forse sono davvero bollito come sussurra qualcuno. In fondo sono un pensionato e a una certa età non si hanno più le energie per sfidare l'avventura. Mi è andata bene una volta con l'*Unità*, che senso ha riprovarci? Ho puntato centomila euro – la mia liquidazione più qualche risparmio – come fosse un numero della roulette, uno solo: all-inn! Non temo di perdere il gruzzolo, io in fondo un reddito lo possiedo. Ma gli altri? Temo per il futuro di Gomez, Lillo, Telese che lasciano un posto sicuro per sfidare l'ignoto (comprendo le loro mogli e compagne se mi maledicono). Ai precari parlo fuori dai denti: «Ragazzi abbiamo i soldi per durare sì e no un anno, ma se fra sei mesi siamo sotto il punto di pareggio delle ventimila copie chiudiamo e tutti a casa». A Luca Telese, che Travaglio aveva convinto a dimettersi da inviato del* Giornale *per unirsi alla sporca dozzina (copyright di Carlo Freccero) un collega di* Repubblica *dice: «Pensa a quei poveretti del* Fatto*, non c'è nemmeno una firma, a parte Travaglio, solo una pattuglia di precari sfigati». E* *alla timida replica di Luca: «Hanno Lillo..., Gomez...» quello cala la mannaia: «Ma figurati, non li faranno andare. Chi mai decide di lasciare il gruppo* Repubblica *per un giornalino finto? Nessuno». Aveva ragione, eravamo ancora un giornalino finto e il racconto che ne farà Telese in un suo libro sembra una via di mezzo tra un dramma shakespeariano e un atto unico di Feydeau, quello dei mariti cornuti e degli amanti nell'armadio. «C'è la nuova sede di via Orazio, dai vieni!»: Telese invita sua moglie Laura per farle vedere che un giornale esiste realmente e che lui non è affatto un pazzo. Leggiamo: «Alla fine lei non era potuta venire ma mi aveva chiamato per controllare. Avevo suonato il campanello a lungo. Poi la porta si era improvvisamente aperta e un tecnico accaldato era uscito dicendo: "Ahò, ma qui nun c'è sta nessuno! Che cazzo devo fa co' 'sti computer? Me sa che è 'no scherzo"». Ero entrato. Non c'era proprio nessuno. Anzi, peggio. Non c'era proprio nulla. Nemmeno una sedia. Nemmeno un mobile. Nemmeno Padellaro che mi aveva chiamato. Solo una catasta di cartoni, accantonati vicino al muro. Cinque stanze in tutto, un ex call center, con ancora le cabine per le chiamate. Una stanza grande, quattro piccole, uno sgabuzzino e un doppio bagno. Mi era scivolato un brivido lungo la schiena. Laura chiedeva: "Ma com'è la sede, com'è?" E io farfugliando: "Molto... spartana". E lei: "Cioè?". Sospirai: "Ancora...". E lei (con tono preoccupato): "Cioèèè?" Mi ero fatto coraggio: "Per ora non c'è nulla". Laura era incredula: "Sembra una messa in scena di* Scherzi a parte. *Ma esisterà davvero questo giornale? Perché non c'è nessuno? Padellaro che dice? Non è uno scherzo per farti dimettere dal giornale e poi te lo dicono dopo?" Poi la voce di Laura si fa grave: "Luca, non hai mica spedito la lettera di dimissioni dal* Giornale, *vero?" La mano mi era corsa nella tasca interna della giacca. Al tatto avevo sentito la busta che con tanta cura avevo compilato quella mattina. Avevo scelto di mentire: "Sì, già spedita, appena uscito di casa". E Laura con tono ferale: "Siamo nella merda". Ebbi un calo degli zuccheri».*

L'ultima volta che parlo con Bettino Craxi è il 1998 e non sono più in forza al *Corriere* bensì all'*Espresso*. Gli telefono ad Hammamet, lui è gentile e alla domanda su cosa si rimproveri dopo Mani Pulite risponde soltanto: «Ho sottovalutato ciò che stava accadendo». L'ex leader socialista mi tornerà alla mente diversi anni dopo guardando la prima puntata di *1992*, la fiction andata in onda su Sky, nell'attimo in cui l'attore che interpreta Antonio Di Pietro, Antonio Gerardi, sfoglia un giornale che parla di un cinghiale selvatico fotografato nella periferia di Milano e ci fa capire che il vero animale da catturare, il «cinghialone», come viene definito Craxi al tempo, è proprio lui. Anche se il fondatore dell'Italia dei Valori nega e sostiene che «nell'inchiesta quel nome non esisteva», la verità è che in quegli anni, in quella crisi economica e morale devastante, Bettino è il principale bersaglio della protesta collettiva, la calamita dell'insofferenza, il capro espiatorio della frustrazione nazionale.

Le monetine che gli tirano addosso il 17 dicembre 1992 a Roma, davanti all'hotel Raphael, sono la colonna sonora di una esecuzione: Craxi è in quel momento l'uomo più odiato d'Italia. Proprio lui, che non molti anni prima, nel 1984, dopo la firma del Concordato con la Chiesa, all'apice della presidenza socialista, viene acclamato come il nuovo uomo della Provvidenza. Come è potuto accadere?

«Si vedono uomini cadere da un'alta fortuna a causa degli stessi difetti che li avevano fatti salire.» L'aforisma del francese Jean de La Bruyère apre il libro *Processo a Craxi*, che ho scritto con Giuseppe Tamburrano nel 1993.

Io, che dai tempi del *Corriere* avevo seguito passo dopo passo l'ascesa del leader socialista, espongo le ragioni dell'accusa, quella politica e quella giudiziaria. Tamburrano, politologo socialista, che conosce come pochi la storia del Psi, racconta invece le ragioni della difesa anche se nella foga del dialogo ci afferra il sentimento comune della delusione. Giuseppe ricorda i tempi del trionfo, il congresso dell'acclamazione, l'esibizione del potere, la calca dei cortigiani, la ressa dei postulanti, il «partito nuovo» degli emergenti e del Made in Italy, le Thema e le Mercedes, i Cartier d'oro e le cene al Savini di Milano. Ciò che resta dell'antico socialismo, dei valori e delle testimonianze, viene dunque bruscamente emarginato. Si riconoscono anche i meriti del primo politico italiano di spicco che ha capito le tendenze delle democrazie occidentali, nelle quali il confronto non è tra partiti ma tra leader. Nel 1982 ci sono anche io al famoso congresso di Rimini quando Craxi, dopo aver lanciato lo slogan «Cambiamento» (ma guarda un po'), nell'apoteosi degli applausi, dei garofani agitati al cielo, nella calca delle televisioni impazzite, stretto tra mille fan, invocato da nani e ballerine, viene avvicinato da un signore anziano che timidamente prova a mormorargli: «Bettino, sono un vecchio compagno...» E lui, sarcastico e tra le risate della corte: «Che sei vecchio lo vedo». Chissà, forse sarà lì che comincia la discesa.

Fateci caso, nel 1976 al Midas di Roma, megahotel all'americana appena inaugurato sulla via Aurelia, un giovanotto corpulento in jeans approfitta delle ruggini tra i capicorrente, e di qualche fortunata carambola, per farsi eleggere segretario del Psi reduce da un mediocre 9,6 per cento, nelle stesse elezioni politiche del Pci trionfante al 34,4. Prende il posto di Francesco De Martino, laconico Buddha napoletano che teorizza l'unificazione Psi-Pci: il che per il partito di Pietro Nenni significa farsi annettere, punto e basta. Fate caso anche alla situazione dei socialisti italiani: federazioni paralizzate dalla lotta fra le fazioni; dirigenti in guerra perenne; sezioni degradate a terminali di questo o di quel boss; un corpo di militanti ridotti a servi della gleba dai signori delle tessere; una struttura chiusa, burocratica, polverosa. Vi ricorda per caso il Pd di Pierluigi Bersani caduto sotto i colpi di Matteo Renzi? E poi la stessa parola d'ordine sul «cambiamento» che non è ancora la Rottamazione che verrà ma la sostanza è quella. La stessa presa di potere del partito con un blitz che non farà prigionieri. Lo stesso scontro interno con una sinistra interessata unicamente alle proprie rendite di posizione e che il giovanotto prima divide e quindi incamera grazie a qualche strategica poltrona. Come le Partecipazioni statali concesse a Gianni De Michelis e i Trasporti a Claudio Signorile. La stessa immagine proiettata di un partito ringiovanito, di una forza nuova, rinnovatrice, che entra in campo sgomitando e scalciando. Poi, la stessa rapida conquista di Palazzo Chigi. Lo stesso disprezzo per il parlamento retrocesso a ente inutile. La stessa corsa a salire sul carro del vincitore. La stessa sudditanza dei giornaloni. Lo stesso disegno per mettere sotto controllo la Rai. Lo stesso asse di potere con la destra. C'è molta differenza tra il Caf di Craxi con Forlani e Andreotti e il Patto del Nazareno di Renzi con Berlusconi? E ancora, la stessa insofferenza per i giornalisti «dei miei stivali»: quei pochissimi senza collare che quarant'anni dopo nella versione tweet del Nazareno diventeranno «gufi» e «sciacalli». A parte la stazza e i vestiti sformati sono molte le analogie con un altro giovanotto che verrà e che nei giorni del Midas ha appena un anno. Corsi e ricorsi. Certo che Matteo Renzi non è Bettino Craxi, né glielo auguriamo vista com'è finita quella storia. Non avrà a che fare con le degenerazioni del sistema come quello dei «bilanci falsi di tutti i partiti che tutti sapevano», come ammette il cinghiale ferito nel famoso interrogatorio nell'aula milanese del processo Cusani. Anche perché, rivisto oggi su YouTube, quel confronto tesissimo con il pm Antonio Di Pietro trasmette un senso di sgomento, di dramma incombente che nessuna fiction potrebbe mai restituirci. Le colpe storiche e giudiziarie di Craxi restano intatte, ma oggi la sua figura quasi giganteggia a confronto dei tanti, troppi «tangentopolini» nel formaggio delle stagioni successive, privi di dignità e di verità.

Il percorso iniziale di Renzi e quello di Craxi hanno in comune soprattutto una cosa: la coazione a ripetere, insita nel sistema italiano; quasi una malattia congenita recidiva, tra corsi e ricorsi, che comincia con il Ventennio mussoliniano e attraversa quello berlusconiano. È il format dell'«uomo solo al comando» che rapidamente sale e repentinamente precipita. Reso cieco dalla sua stessa superbia e arroganza, mal consigliato, infine abbandonato e tradito finisce per sottovalutare i segnali dell'incombente disastro.

Ma qui si torna al punto di partenza: neppure questo il cinghiale ferito aveva previsto; che un sistema di potere, il suo, che sembrava edificato sulla roccia, e che lungo un quindicennio aveva resistito perfino all'ostilità di Ronald Reagan e della Casa Bianca, si sbriciolasse nell'arco di poche settimane. «Bettino come Benito» scrive all'inizio della frana Valentino Parlato su *il manifesto*: «Come Benito Mussolini? No, come il Benito Cereno di Melville, comandante fittizio di una nave ammutinata, ostaggio nelle mani di un equipaggio in rivolta». Poi, nella latitanza tunisina subentrano la solitudine, la rabbia, la voglia di regolare i conti con i falsi amici e con la storia. Ne fa le spese anche il «migliorista» e futuro capo dello Stato, Giorgio Napolitano, in una sorta di chiamata di correo. Mentre il nome di Claudio Martelli, il brillante delfino, l'unico autorizzato a rifornirsi nel frigorifero di casa Craxi (secondo la fulminante battuta di Anna Craxi) viene relegato in una nota a margine, che è peggio della condanna. Infine, i conti con sé stessi e una frase che mi suona come epitaffio... «Io non conosco la felicità, la mia vita è stata una corsa a ostacoli, e non mi sono mai fermato per dire a me stesso ora sei un uomo felice, Bettino Craxi.»

Felici non lo sono stati e non lo sono neppure gli italiani derubati da Tangentopoli e poi derubati ancora nella indecente spoliazione della ricchezza nazionale proseguita fino ai giorni nostri, senza apparenti ostacoli. Purtroppo questa non è una fiction.

«Quando cominciò Mani Pulite, Raul aveva un atteggiamento di grande consenso. Come dire: finalmente! Ne parlavamo spesso» racconta Vanni Balestrazzi, giornalista del *Resto del Carlino* per una vita, grande amico di Raul Gardini, un collega galantuomo che ho incrociato spesso facendo l'inviato. Qualche mese dopo il suicidio di Gardini (23 luglio 1993), andai a trovarlo a Bologna; pensavo a un libro sulla vita del Contadino, e Vanni mi mise a disposizione i suoi ricordi. Non fu possibile, invece, ottenere la collaborazione dei Ferruzzi, e il progetto abortì. Mi è rimasto nel cassetto un nastro registrato e una cruda testimonianza da riportare.

Sai Vanni, dopo quello che è successo poi, è abbastanza strano apprendere che Gardini fosse realmente così favorevole a Mani Pulite.

«Vedi, io ho una convinzione: sono gli imprenditori creati dai politici quelli che poi offrivano loro i soldi per ottenere qualche favore. Nel caso di Raul e di altri come lui, non si può non parlare di concussione. Alla quale Raul peraltro si era opposto, come per i soldi che sarebbero stati versati ai partiti durante la sua gestione per gli sgravi fiscali, nella primavera del Novanta. Da qui la rottura di Gardini. Che l'aveva tradito. Bada che lui aborriva mettere piede in un'aula di tribunale. Un atteggiamento profondamente romagnolo. Poi arriva quel folle avviso di garanzia.»

Ricordami chi fu a inviarglielo.

«Non Antonio Di Pietro. Credo si trattasse del pm Ettore Torri perché mi ricordo che lui andò a Roma. Questo prima della catastrofe del gruppo.»

A Roma indagavano su cosa?

«Esagerata valutazione dei conferimenti Montedison dentro Enimont. In quella sede Raul giurò di non avere mai versato una tangente. Spiegò che la valutazione era stata fatta, d'accordo con la controparte Eni, dalla Morgan Stanley e da un'altra banca d'affari che non ricordo. Quella stessa valutazione era passata al vaglio di cinque periti del Tribunale di Milano. Però Raul ne subì un colpo fortissimo. La maggiore sofferenza riguardava il pensiero di una chiamata da parte del pool di Milano, senza la documentazione che si trovava in Montedison, con l'aiuto della quale riteneva di chiarire l'intera vicenda. Come avrebbe potuto fare, se Di Pietro avesse accettato di incontrarlo prima di arrestarlo. Il pm aveva ascoltato anche informalmente chi accusava Gardini, ma rifiutò di farsi raccontare, nello stesso modo, come erano andate le cose da chi più di ogni altro poteva spiegarglielo, senza potersi permettere di mentire; e raddrizzare così un'inchiesta che invece è rimasta irrimediabilmente zoppa. Richiese documenti a Carlo Sama che era assurto alla guida di Montedison dopo la sciagurata estromissione di Raul dal gruppo Ferruzzi all'inizio di giugno 1991. Documenti sempre promessi e mai dati. Se io ti prometto una cosa che è condizionante per te, tu contro di me non puoi più fare niente. Sama lo ha disarmato con questa promessa non mantenuta. Era una partita che avrebbe anche dovuto seguire Giuseppe Garofano, il curiale manager Montedison, ma anche lui operò con la tattica del rinvio. Raul cercava intanto di ricostruire la vicenda con l'aiuto della memoria e dei pochi atti a disposizione. Era angosciato e mi diceva: io non posso riferire al giudice una cosa con il rischio che lui non mi creda; allora crolla tutto. In effetti Di Pietro doveva capire che Gardini non poteva andare da lui a mentire. E avrebbe avuto anche la garanzia di un uomo disposto a dirgli tutta la verità in suo possesso. Poi, magari, se tu sospetti che il testimone nasconda qualcosa, approfondisci l'indagine. Forse Di Pietro non voleva che qualcosa aggravasse il peso su Sama che era il suo testimone decisivo. Raul, comunque, sentiva che le cose si mettevano male.»

E quindi?

«Diceva che non poteva permettersi di non essere creduto. Ripeteva: "Senza documenti e senza i verbali di certe riunioni come faccio? Tante cose non posso ricordarle o addirittura non le so. Io mi sono sempre occupato della strategia del gruppo Ferruzzi-Montedison, una multinazionale presente in tutto il mondo. La gestione è interamente affidata agli altri, ai manager, e non poteva essere altrimenti. Per esempio, non ho idea di come possa essere stata creata la cosiddetta maxitangente". La cui prima tranche, come emerse al processo Cusani, fu pagata nel giugno 1991, subito dopo l'uscita di Raul dal gruppo».

Ma di tutti i faccendieri che si erano sfamati alla mangiatoia Enimont, possibile che Gardini non sapesse nulla? Non era lui che li foraggiava?

«Bisognerebbe andare a rileggere le interviste che Raul rilasciò in quel periodo per capire qual era la sua posizione in proposito. Ricordare la sua decisione di trasferire il centro direttivo del gruppo in Francia, "perché in Italia con questi politici non si può lavorare seriamente". Purtroppo, resta solo la versione interessata di Cusani e di Sama. Che dopo pochi giorni di carcere era stato messo agli arresti domiciliari da Di Pietro, con ampia libertà di movimento e di accesso agli uffici Ferruzzi. Poi gli fu dato il permesso di andare in vacanza in Argentina, dalla quale forse riportò Luigi Bisignani, anche se non se ne hanno le prove. Bisignani disse di essere venuto da Chicago, anche se quella bella abbronzatura che esibiva è difficile da prendere, a gennaio, sul lago Michigan. Bisignani va in udienza e si presenta come l'uomo di Gardini. Una testimonianza incredibile: disse perfino che Gardini aveva voluto che si prendesse una casa a Venezia per averlo sempre accanto. Perché non poteva fare a meno di lui. Figuriamoci! Ma se Raul avesse avuto un uomo come Bisignani legato a un piede, se lo sarebbe tagliato.»

È mai possibile che Gardini fosse sempre all'oscuro di tutto? Che nel suo gruppo c'era chi pagava i giornalisti e lui non lo sapeva?

«Della comunicazione, come si sa, si occupava Sama. Raul forse preferiva non saperlo. Solo una volta accennò alla cosa mi disse: "Certo che la venalità dei tuoi colleghi...".»

Come fu che poi le cose precipitarono?

«Il gip Greco sollecitò Di Pietro a incontrare Raul. Ma Di Pietro avrebbe risposto: non c'è nessuna fretta. Lo voleva interrogare da arrestato. Se quel colloquio fosse avvenuto, Gardini avrebbe potuto fornire a Di Pietro la reale dimensione dei fatti. E avrebbe potuto mettere, perlomeno, la sua parola contro quella di uno come Sama. Poi ci fu il misterioso arresto di Garofano a Ginevra: a lui Raul aveva chiesto un confronto fra tutti i maggiori responsabili del gruppo Ferruzzi, per poi andare con la massima chiarezza, tutti, in Procura a Milano. Perché si cercava in ogni modo di ignorare il calendario. Cioè di far dimenticare che dal giugno 1991 (quando fu estromesso dal gruppo) al giugno 1993 (quando avvenne il crac Ferfin-Montedison) sono trascorsi due anni, durante i quali Raul Gardini era ovviamente estraneo a qualsiasi vicenda della multinazionale di Ravenna, dalla quale aveva anzi subìto varie iniziative ostili alle sue nuove attività.»

Veniamo alle ultime ore.

«Il sabato della settimana precedente ci trovammo da lui a Ravenna. Mangiammo insieme e restammo tutto il giorno rintanati in casa. La domenica praticamente lo obbligai a uscire: dai Raul chiamo Angelo e andiamo in barca. Negli ultimi tempi erano solo gli spaghetti di Angelo, il suo marinaio, a tentarlo. Siamo andati a Marina di Ravenna. Ma siamo rimasti con la barca ormeggiata. Discutemmo molto sulla linea difensiva dei suoi avvocati Gian Maria Flick e Marco De Luca. Sicuramente due principi del foro ma osservai che, sinceramente, non riuscivo a capire quale fosse la strategia adottata. Sembra assurdo, ma lui fino all'ultimo non aveva pensato a una difesa legale. Si era illuso che tutto potesse concludersi positivamente. "Per quanto riguarda l'Enimont", mi disse, "sono abbastanza sereno. Non vedo cosa possano seriamente addebitarmi." Non dimentichiamo che avrebbe potuto starsene tranquillamente in Francia. Parlavamo anche dell'ipotesi di un arresto che lui vedeva come un insopportabile oltraggio della sua dignità, ma non soltanto. Pensava ciò che un fatto così grave avrebbe significato per il suo nuovo gruppo industriale, che aveva creato negli ultimi due anni, già con una forte presenza in Francia e in Italia.»

Che consigli gli desti?

«Gli dissi: "Senti, domattina ti metti a scrivere quello che ricordi". Rispose: "Che cos'è esattamente che devo ricordare?"»

Poi?

«Il lunedì successivo lui era partito per Milano.

C'eravamo sentiti ancora per telefono. Guarda Raul che sono in pensiero. Ma no, non preoccuparti. Poi, l'ultima telefonata. Raul mi chiamò la sera del 22 luglio, poche ore prima della fine. "Come va?" "Mah, così..." Più che dalle parole fui colpito dal tono della voce. Pensai: che faccio? Quella sera avevo invitato una mia amica al concerto di Pavarotti. Sai, le banalità che si inseriscono in queste grandi tragedie. "Senti Raul, vuoi che venga a Milano? Però non posso essere lì prima delle undici, mezzanotte." Lui non risponde né sì né no. Ma so che in genere va a letto presto, e magari arrivo lì e lo trovo che dorme. Ero convinto che con lui ci fosse l'Idina; e invece la moglie stava partendo per rientrare a Ravenna. Ma io non lo sapevo e ho pensato che non potendo dormire da lui avrei dovuto prenotare l'albergo. Insomma, alla fine ho deciso di non raggiungerlo. Di fronte a fatti del genere non si può ragionare con i *ma* e con i *se*, ma il rimorso di non essere andato, quello sì ce l'ho.»

Pensi che in quel momento lui stesse già meditando il suicidio?

«Non posso escluderlo. Forse l'avrà visto come una via d'uscita anche per i suoi. L'indomani, sant'Apollinare, era festa a Ravenna. Gli dico: "Che fai vieni giù?" Lui farfuglia qualcosa. Ho parlato quasi sempre io. Magari gli ho interrotto dei discorsi che aveva voglia di fare. "Be', Raul sarebbe buon segno se vieni domani." "Eh sì, sarebbe buon segno sì." Ma il tono era spento, rassegnato. Negli ultimi tempi era molto dimagrito. Mangiava pochissimo. Soltanto pasta. È niente pesce, di cui prima era molto ghiotto. Una ripulsa probabilmente di origine nervosa. "Dai Raul, ti attendono delle prove severe e tu sei lì denutrito, senza energie." Fumava ininterrottamente. Andava avanti a nicotina.»

Anche tu pensi che Gardini si sia suicidato ed escludi le altre ipotesi?

«Io penso che sia stato costretto al suicidio. Raul era come paralizzato dall'impossibilità di dimostrare certe cose e dal rischio di ritorsioni da parte di chi ormai non aveva nulla da perdere. L'Idina disse che Raul aveva avuto un drammatico colloquio con Sama e Cusani. Cosa gli dissero? Sua moglie poco tempo dopo la tragedia, parlò di ricatti e di minacce. Altri ipotizzarono che la minaccia fosse quella di coinvolgere un familiare di Raul, per quanto innocente. Questo, oltre alla lettura dei giornali con le dichiarazioni di Garofano (a cui era stato impedito, non a caso, di incontrare Raul), potrebbe essere stata l'ultima spinta verso il baratro per un uomo che mai aveva tollerato lesioni alla propria dignità. Fin da quando, bambini, andavamo a scuola insieme.»

Qualche anno dopo, lavoravo all'*Espresso*, vengo chiamato a Milano da Enrico Bondi a cui era stato affidato l'incarico di salvare i conti disastrati della Montedison. Tra gli asset della società c'era *Il Messaggero* e in vista di un avvicendamento alla direzione del quotidiano romano qualcuno aveva fatto il mio nome. Il commissario, uomo abbastanza brusco e sotto il peso di una gigantesca responsabilità mi comunica di non avere grande stima dei giornalisti ma che nel mio caso avrebbe fatto un'eccezione. Mette le carte in tavola: i conti della testata sono un disastro e bisogna mandare via almeno venti, trenta giornalisti. Lei se la sente? Resto di sasso perché non avevo intenzione di cominciare la mia esperienza direttoriale cacciando un plotone di colleghi. Prendo tempo, era un venerdì, e concordiamo di risentirci il lunedì successivo quando avrò maturato la mia decisione. Non mi ha più chiamato nessuno.

Qualche tempo dopo fui «convocato» da Francesco Cossiga a Palazzo Giustiniani, nell'ampio studio che occupava come ex capo dello Stato e senatore a vita. Era perfettamente al corrente dell'incontro avuto con Bondi. Mi disse qualcosa del tipo: caro Padellaro per ottenere certi incarichi occorre un'affiliazione, intendo qualcuno che potesse garantire per lei, certo che se me ne avesse parlato prima... Quindi mi fece strada nel *sancta sanctorum*, una monumentale libreria interamente ricoperta di schedari multicolori. Indicò qualcosa ai piani superiori: «Qui c'è anche lei». E mi congedò.

La direzione del *Messaggero* fu affidata a Giulio Anselmi che, da par suo, portò a termine il mandato. Ma, forse, questo episodio sarebbe stato meglio collocarlo nel capitolo: *Accompagnato alla porta*. Prematuramente.

7

Voi siete morti

Ascoltano, prendono appunti, fanno domande perplesse, con la risposta incorporata. Alcuni, persone conosciute da anni, mi osservano con un pizzico di sincera compassione: povero Antonio, deve essersi rincoglionito, fondare un giornale oggi è come vendere sabbia nel deserto, ma se si vuole rovinare cazzi suoi... Qualche volta, con fare compassionevole si offrono di pagare il conto al ristorante, proposta che orgogliosamente declino.

Nonostante i momenti di scoramento, saranno mesi fantastici, ricchi di pathos. Viaggio, giro, vedo gente. Sono sulle spese ma viaggio in Freccia Rossa. Ricevo potenziali giornalisti di un giornale che non c'è nelle hall di hotel lussuosi, mostro menabò, illustro budget. Lucido. Tonico. Mi sento immerso in uno stato di grazia, qualcosa che non si può spiegare, come dice la canzone è una condizione mentale, una follia adolescenziale. Certi giorni mi sembra di girare a vuoto, di non combinare nulla, ma va bene lo stesso.

È così che incontriamo Sua Altezza Serenessima, Gianroberto Casaleggio. Sono Gomez e Travaglio a insistere:

«Lui è il nostro uomo» sostengono decisi. Casaleggio cura il loro sito Voglioscendere *sul blog di Beppe Grillo. «Un genio assoluto» giurano. A Milano, ci accomodiamo in un ristorante in via Moscova che si chiama Volemose bene. Con noi c'è anche Cinzia Monteverdi, una giovane, geniale imprenditrice (ce ne accorgeremo quando prenderà in mano le redini della società) che ha già pronti i soldi da investire e non vede l'ora di cominciare. Mentre dentro di noi si alternano sentimenti contrastanti, tendenti al pessimismo, lei non ha dubbi: «Il momento politico è favorevole all'uscita del nostro giornale, andrà tutto bene, dobbiamo svegliarci e cogliere l'attimo». Durante il pranzo osservo la chioma fluente e riccioluta di Casaleggio e mi chiedo: chissà quanto tempo impiega a pettinarsi la mattina. Lui è una statua di sale, non apre bocca e mentre ascolta il progetto ha lo sguardo fisso sulla parete. Rifletto: forse il silenzio è il suo modo di mostrarsi d'accordo. Finché con voce quasi impercettibile chiede qualcosa del tipo: davvero volete fare un giornale di carta? Riacquisto vigore: «Esatto, un giornale di carta ma anche un sito web». Torna ad ammutolirsi e si concentra sulla prima portata, credo un risotto. Bisbiglia qualcosa di definitivo: «Siete morti». «Prego?» «Siete morti.» Segue una meticolosa lezione sul mercato delle notizie che nell'arco di un paio di anni sarà, secondo il profeta, monopolizzato dalla rete. «Durerete due o tre mesi», sentenzia. Siamo alla frutta. Il progetto di Casaleggio – in quel momento il M5S muove i primi passi – è molto semplice e si chiama Marco Travaglio. Trattasi dunque, di sfruttare sulla rete tutte le potenzialità di Marco, che già in quel periodo gira la penisola tra folle osannanti come una rockstar. Di tutto il resto, a*

Casaleggio, non importa un fico secco. Non ci resta, dunque, che separare il discorso del web da quello della carta a cui non intendiamo assolutamente rinunciare. Affidiamo la pratica a Giorgio Poidomani, che segue il business plan del Fatto *– questo il nome deciso per la nostra follia editoriale – di cui in seguito diventerà amministratore delegato prima di Cinzia, dopo esserlo stato all'*Unità. *Tra l'uomo dei numeri e Casaleggio si avvia una fitta corrispondenza via mail, che prosegue per giorni, senza un apparente costrutto. Bozze di accordo che rimbalzano da un computer all'altro come in un ping-pong all'ok corrall: tra le righe trasmesse dalla Casaleggio associati c'è sempre un codicillo bastardo da respingere al mittente. Finché sarà lo stesso Gianroberto, stremato dalla goccia implacabile di Giorgio, ad alzare bandiera bianca. Amici come prima. Lui se ne andrà prematuramente, tra gli applausi, il 12 aprile 2016.*

Quella Roma-Udinese del 23 gennaio 1994 non me la ricordo affatto. Perché parlo di una partita di calcio come tante? Perché quel giorno, mentre ero allo stadio Olimpico con i miei figli, maturavano due eventi di straordinaria importanza. Il primo salterà all'ultimo momento: e per fortuna altrimenti sarebbe saltato l'intero Paese. Il secondo comincerà proprio in quelle ore un tragitto che durerà oltre un ventennio. Parliamo del fallito attentato allo stadio Olimpico, organizzato da Cosa Nostra. Parliamo dell'annuncio della discesa in campo di Silvio Berlusconi. Una coincidenza, probabilmente non fortuita che ho raccontato nel libro *La strage e il miracolo*. Sono i nuovi Anni di piombo, ma questa volta la potenza di fuoco è quella, mafiosa, di un esercito blindato e armato fino ai denti in grado di mettere a ferro e fuoco lo Stato. Dopo via Fauro (14 maggio del 1993, agguato fallito a Maurizio Costanzo e Maria De Filippi) gli attentati hanno assunto le caratteristiche più intimidatorie. Le bombe mafiose, seminando vittime spesso impreviste, lanciano un segnale di grande capacità distruttiva e di efficienza organizzativa, i cui effetti appaiono volutamente circoscritti. È come se gli ispiratori di tale strategia avessero ritenuto di poter raggiungere i propri scopi limitandosi, in un primo tempo, a dare sfoggio della propria forza d'urto con la minaccia, sottintesa, di azioni più devastanti e sanguinose. «Da via Fauro in avanti, tutti gli attentati vengono eseguiti al di fuori della Sicilia e sono caratterizzati soprattutto dall'intento di suscitare il massimo clamore possibile e di creare sconcerto e disorientamento tra la gente. Scopo evidente è quello di far cadere il consenso sociale verso l'azione repressiva dello Stato contro la mafia e indurre l'opinione pubblica a ritenere troppo elevato, in termini di rischio di vite umane, il contrasto alla criminalità organizzata» (da un rapporto della Direzione Investigativa Antimafia).

«Il mio governo ha avuto il triste distintivo di essere stato accompagnato da una serie di attentati terroristici che oggi sappiamo essere di stampo mafioso. Gli attentati del 1993 sono di più difficile lettura, perché apparentemente non hanno dei precisi obiettivi "militari", non perseguono l'eliminazione fisica di soggetti pericolosi per l'organizzazione mafiosa. Perché questi attentati durante il governo Ciampi? Forse che con esso ogni aggancio è impossibile, irrecuperabile? È forse per questo, con una strategia stragista, che si vuole dimostrare l'incapacità di controllo dell'esecutivo sul territorio nazionale, e per tale via delegittimarlo?» (Carlo Azeglio Ciampi, *Non è il Paese che sognavo*, Il Saggiatore).

Tra il 19 e il 21 gennaio 1994, il boss di Cosa Nostra, Gaspare Spatuzza viene convocato da Giuseppe Graviano al bar Doney di via Veneto a Roma. «Era gioioso, felice» racconterà ai pm: «Mi comunica che avevamo chiuso tutto e avevamo ottenuto tutto quello che cercavamo e questo grazie alla serietà di quelle persone con cui avevamo portato avanti questa cosa, e che non erano come quei quattro cristi dei socialisti che avevano tradito le attese». E chi erano le persone serie? «Quelle di Canale 5 e il nostro paesano.» I quali dice Graviano a Spatuzza, «ci stanno mettendo l'Italia nelle mani». Graviano aggiunge che l'attentato ai Carabinieri va fatto comunque per «dare il colpo di grazia». La Dia accerterà che il 18 gennaio Marcello Dell'Utri ha alloggiato all'hotel Majestic, a pochi passi dal bar Doney.

23 gennaio 1994, ore 16.30 circa.

Spettatori paganti: 9994. Abbonati: 34.333. Totale: 44.327 persone che al termine della partita Roma-Udinese (0 a 2) iniziano lentamente a defluire dallo stadio Olimpico. La massa più consistente uscendo dalla curva sud e dalla tribuna Monte Mario si incammina lungo il viale dei Gladiatori verso i parcheggi di piazza Maresciallo Giardino. In questa porzione del quadrante del Foro Italico stazionano un gran numero di camionette e blindati di Carabinieri, Polizia e Guardia di Finanza. Proviamo a immaginare la peggiore scena possibile. Al passaggio dei pullman dei militari, dall'alto della collina di Monte Mario, viene dato l'impulso al telecomando. Contatto. Azionato dalla sorgente il detonatore attiva l'esplosivo e la Lancia Thema imbottita da 300, 400 chilogrammi di tritolo esplode spargendo una tempesta infernale di chiodi e tondini di ferro: migliaia e migliaia di schegge infuocate proiettate con immane violenza a trecentosessanta gradi. Le conseguenze della deflagrazione sono devastanti, centinaia di vittime. Più un numero incalcolabile di persone che, se sopravvissute, porteranno per sempre i segni di amputazioni gravissime. Senza contare le conseguenze dello spostamento d'aria: migliaia di persone terrorizzate che cercano di scappare senza sapere dove, travolgendosi e calpestandosi. Famiglie cancellate, bambini fatti a pezzi. Migliaia tra morti e feriti. La strage più sanguinosa ed efferata della nostra storia. Un buco nero, immenso, profondo, colmo di morte e di dolore scavato nel cuore del Paese. Un trauma irrecuperabile. L'Italia che stramazza. Però, fortunatamente, non accade nulla perché il timer non funzionerà.

All'inizio del 1994, all'*Espresso* di Claudio Rinaldi cerchiamo tutti di capire se e quando Silvio Berlusconi annuncerà la sua discesa in campo.

Domenica 23 gennaio telefono a Claudio.

«Hai sentito?»
«Cosa?»
«Ha detto che da domani si fa sul serio.»
«Chi?»
«Ti leggo l'Ansa. Alle 16.20, appena finita la partita Milan-Piacenza, Silvio Berlusconi dalla tribuna d'onore dello stadio Meazza annuncia di voler scendere nel campo della contesa politica.»
«Okay, domani cambiamo la copertina.»
Davvero straordinaria quella domenica. Proprio negli stessi minuti in cui i killer Spatuzza e Benigno affacciati sullo stadio Olimpico stanno per far saltare in aria la capitale, con l'Italia tutta, settecento chilometri più a nord, a Milano, in un altro stadio, Berlusconi annuncia di fatto la sua discesa in campo (a cui lavorava dall'autunno del 1993). Evento che renderà ufficiale con il videomessaggio del successivo mercoledì 26 gennaio. Nove minuti preregistrati, inviati a tutti i telegiornali delle reti nazionali che cominciano con le parole: «Questo è il Paese che amo».

Attenzione, tra i due eventi – il fallito attentato e l'annuncio di Berlusconi – le indagini della magistratura fiorentina non hanno riscontrato alcun collegamento fattuale. Resta da registrare la coincidenza temporale dei fatti raccontati, in una fase di straordinaria importanza per il Paese.

Il 27 gennaio, Giuseppe e Filippo Graviano vengono arrestati in un ristorante di Milano in compagnia di un loro favoreggiatore.

27-28 marzo. Berlusconi vince le elezioni e attende

dal presidente Scalfaro l'incarico per formare il nuovo governo.

Confesso che le vicende di mafia non mi hanno mai appassionato. Eppure da inviato del *Corriere della Sera,* nella stagione dello stragismo ero di casa a Palermo. Nel decennio Settanta-Ottanta ogni delitto politico in Sicilia era seguito dalla telefonata del direttore di turno: «Parti subito». Da Pio La Torre a Salvo Lima, a Piersanti Mattarella, al generale Carlo Alberto Dalla Chiesa io ero lì che cercavo di spiegare l'inspiegabile agli sconcertati lettori del «grande quotidiano del Nord». Ero molto giovane, la mia firma, quasi sconosciuta se paragonata a quelle delle star Giampaolo Pansa e Giorgio Bocca, fungeva da sbiadito lasciapassare in un mondo che con i giornalisti preferiva non avere niente a che fare. In certi ambienti – i salotti omertosi del Grand Hotel delle Palme, il bordo piscina di Villa Igea, i tavoli prenotati del ristorante Charleston, arredato in stile casa d'appuntamenti *fin de siècle* – la mia presenza era tollerata o meglio ignorata come fossi un testimone innocuo. Ascoltavo in silenzio le chiacchiere di sindaci, assessori, funzionari di partito (in prevalenza democristiani) e i *pissi pissi* di faccendieri travestiti da avvocati e di avvocati abbigliati come mafiosi. Poi salivo nella mia stanza e ticchettavo sulla Olimpia una sintesi centrifugata di quanto orecchiato, badando bene a non fare nomi e men che mai cognomi. La mattina dopo incontravo qualcuno che, mostrandomi la copia del *Corriere*, sbarcata fresca a Punta Raisi, ammiccava in quel certo modo con cui ammiccano da quelle parti. Di quei tempi lontani ricordo nitidamente due personaggi tragici, ciascuno a suo modo. Rosario Nicoletti, il segretario della Dc siciliana, riferimento costante delle mie trasferte, ma che una mattina non rispose più al telefono: si era gettato giù dalla finestra del suo appartamento, scosso, così dissero, da eventi troppo più grandi di lui.

«Non ci si comporta così» disse l'avvocato Vito Guarrasi (il secondo protagonista della tragedia siciliana) accompagnando il suo sdegno con un deciso colpo di forchetta sulla tovaglia ricamata. La scena è degna del *Padrino - Parte III*: i cristalli vibrano e un cameriere in giacca bianca versa del Rapitalà nei calici impreziositi da decori floreali. Quindi il mio ospite sentenzia: «Piersanti Mattarella non avrebbe mai dovuto dimenticare di essere il figlio di Bernardo Mattarella». E il gennaio del 1980, il *Corriere della Sera* mi ha spedito a Palermo per raccontare i giorni successivi all'assassinio del presidente democristiano della Regione siciliana, ma non so cosa scrivere. Guarrasi, soprannominato «l'avvocato dei misteri», mi apparecchia l'attacco del pezzo e un pranzo sontuoso. Dopo l'elezione al Quirinale di Sergio Mattarella nel febbraio 2015, sono andato a ripescare dei vecchi appunti cercando un filo conduttore: come tanti, sono convinto che in fondo l'odierna apoteosi sul Colle sia cominciata con la tragedia di 44 anni fa.

In questa storia, che come vedremo ne richiama altre, c'è qualcosa di indivisibile e di profondamente complesso. Sbarcare in Sicilia mi sottopone sempre a un accurato esame: dall'impiegato dell'autonoleggio alla *concierge* dell'hotel delle Palme la registrazione del tesserino giornalistico comporta l'immancabile constatazione sulle origini sicule del cognome Padellaro. Accolto come un figliol prodigo, i siciliani si aspettano che, considerate le mie origini, io rifugga dai soliti luoghi comuni sulla mafia e i suoi derivati. Eppure, tutti sanno benissimo che non è certo un luogo comune il killer che nel centralissimo viale della Libertà, la mattina del 6 gennaio, festa dell'Epifania, ferì a morte Piersanti Mattarella, appena salito sull'auto per recarsi a messa con la famiglia. I siciliani, anche quelli non collusi, sono perfettamente consapevoli di cosa sia la mafia ma se ne parlano gli altri, quelli venuti da fuori, e figuriamoci se a farlo è un giornale del Nord, storcono il naso e si sentono incompresi e anche un tantino diffamati. Ricordo quando arrivo nella redazione del *Giornale di Sicilia*, dove colleghi assai cortesi, pur fornendomi ampi dettagli sui fatti, davanti alla ingenuità di certe mie domande hanno l'aria di pensare: «Ma *chistu* che ne vuole sapere...» Poi c'è il tour dai politici che accettano di riceverti «Ma io, per carità, non le ho detto niente». Si tratta in genere di mezze calzette che sui possibili mandanti dell'omicidio bofonchiano ipotesi strampalate salvo poi rianimarsi quando finalmente il discorso cade sulla politica: ah, la politica (con lo stesso stordimento rapito del «Oh, mia matri» di Johnny Stecchino). L'Isola viene da sempre considerata il laboratorio di audaci strategie, tali da fornire dei modelli perfino per Roma. Quale, per esempio, furono il milazzismo del «tutti insieme appassionatamente» e le larghe intese Dc-Pci, formula consacrata in regione proprio della giunta

Mattarella. Orbene, i politicanti locali intrattengono sui marchingegni siciliani dei pipponi interminabili che faccio finta di trascrivere. Alla sera, esausto mi accascio al Delle Palme e nelle atmosfere di quei saloni dove Joe Bonanno teneva i suoi meeting con i bravi ragazzi, cerco affannosamente i bandoli di una trama smarrita, chiedendomi: che ci faccio qui?

Provo a mettermi in contatto con Guarrasi ma con scarse speranze. L'avvocato somiglia a questo grande albergo: suggestivo ma sfuggente. Il suo nome, del resto, deve essere pronunciato sottovoce, meglio se accompagnato da una discreta rotazione della mano destra come a dire: quello ne sa di cose... Giovanissimo, aveva assistito alla firma dell'armistizio di Cassibile, in qualità di aiutante del generale Castellano e si favoleggia della sua attiva presenza in una riunione con alti ufficiali americani dove sarebbero state poste le basi del separatismo siciliano. Non senza il discreto e fattivo appoggio, *ça va sans dire,* di Cosa Nostra. Ritenuto di volta in volta riferimento della sinistra, della massoneria e dell'onorata società, presente nei consigli di amministrazione di venticinque differenti società, anche pubbliche, consigliere di Enrico Mattei, si diceva conoscesse la verità sul disastro aereo di Bascapè (secondo accreditate ricostruzioni un attentato con bomba a bordo). Nel quale perse la vita il fondatore dell'Eni e che catapultò Eugenio Cefis al vertice dell'ente petrolifero. *Bon vivant* e accompagnato da donne affascinanti, così ne scrive nel 1976 il senatore Luigi Carraro, relatore della Commissione Parlamentare Antimafia: «Non c'è stato settore di qualche importanza della vita economica siciliana che non ha visto impegnato in prima persona l'avvocato Guarrasi. Non sempre però queste iniziative andarono a buon fine». Si sussurrava che fosse più potente di Cuccia, più influente di Agnelli, più ricco di Berlusconi, più astuto di Andreotti, più segreto di Fatima.

Personaggio da decifrare come una sciarada dentro un rubus che mi chiama all'alba con voce cordiale: «Dottore Padellaro, sono l'avvocato Guarrasi, so che mi sta cercando, sarei lieto di averla oggi a pranzo qui a Mondello». Non lo lascio finire perché sono già sul taxi.

Mi sento preparato sulle domande da fargli. Da anni, infatti, seguendo le complicate traiettorie della Dc siciliana, ho avuto modo di incontrare, oltre Mattarella, gli altri magnifici tre della giovane covata democristiana: Rosario Nicoletti, Rino Nicolosi, che diventerà presidente della Regione nel 1985, e il più volte ministro Calogero Mannino, considerato il grande puparo della politica sicula.

Di Piersanti Mattarella avevo seguito il percorso sorprendente. Una carriera cresciuta all'ombra dell'onnipotente genitore Bernardo, più volte ministro e grande collettore di voti e di amicizie, anche compromettenti, in quel di Castellammare del Golfo, nella Sicilia occidentale, dove imperversano le cosche più spietate. Poi, però, come scrive Alfio Caruso in *Da Cosa nasce Cosa*: «Dall'oggi al domani il figlio dell'avvocato Bernardo diventa inavvicinabile».

Racconta l'autore che «Mattarella jr. è dalla nascita immerso nella Sicilia del potere assoluto, eppure mostra di non aver compreso fino in fondo i meccanismi che lo regolano. Ritiene che lì dove vige la legge del più forte possa essere instaurata senza contraccolpi la legge dello Stato. Possibile che gli sfuggano la portata del fenomeno criminale, gli enormi interessi che muove, il vasto raggio delle complicità? Non capisce che lo stesso sostegno del Pci alla sua giunta, del quale lui si fa forte per sfidare i vecchi equilibri, è un chiodo in più sulla sua bara?»

A Mondello, Guarrasi abita una stupenda dimora moresca con patio arabo e una grande terrazza abbellita da fontane e giochi d'acqua, oggi trasformata nella sede di un ristorante esclusivo. Di lui ricordo tre cose: il tratto signorile; l'esibizione orgogliosa delle sue proprietà tra cui, amatissima, la tenuta dei vigneti di Rapitalà (dall'arabo *Rabidah Allah,* il fiume di Allah che scorre tra i filari), adagiata la dove Camporeale declina verso Alcamo; infine la particolare attenzione che riserva alla storia della mia famiglia paterna. «È vero» chiede sapendo benissimo la risposta «che i suoi si trasferirono a Roma dal paese di Mazzarino, quello dei frati mafiosi che taglieggiavano i poveri contadini?» Confermo. E lui, insaziabile: «Lei è forse parente di quel *grand commis* dello Stato con cui ho condiviso una sincera amicizia e alcune poltrone nei consigli di amministrazione?» Sì, era mio zio. S'informa su mio padre, si compiace del suo eccellente stato di salute. Cerca, amabilmente e malignamente, di mettere in contraddizione le mie origini avvolte, a suo dire nella bambagia del potere con i miei articoli, sempre a suo dire, sinistrorsi, scritti per un giornale, il *Corriere*, che non esita a definire «comunista». Sulle cause remote dell'uccisione del giovane Mattarella risponde attraverso un ragionamento analogico e intriso di sottocultura patriarcale. Riassumo: non si devono tradire le proprie origini se grazie a esse si è goduto di privilegi e benefici. Piersanti, purtroppo, aveva dimenticato di essere il figlio primogenito di Bernardo e dei suoi voti. Così discorrendo l'avvocato dei misteri mi svela il cuore del «mistero». Anche se sull'origine e i mandanti dell'omicidio non tutto è stato chiarito con l'ergastolo a Totò Riina e agli altri boss della Cupola, è accertato che l'esecuzione fu decisa in seguito al tentativo del presidente di sottrarre alle grinfie degli amici degli amici gli appalti pubblici della Regione. E a chi cercò di stargli vicino in quella tormentata Dc non andò meglio. Nicoletti suicida. Mannino, coinvolto nel processo sulla trattativa Stato-mafia con l'accusa di concorso esterno in associazione mafiosa, da cui nell'ottobre 2015 uscirà assolto. Nicolosi, divorato dal cancro dopo aver consegnato alla magistratura un memoriale che getterà lo scompiglio nella classe dirigente dell'epoca.

Di Vito Guarrasi, scomparso nel 1999, è rimasta una frase sprezzante come il suo autore: «I siciliani sono più furbi che intelligenti». Per la sua storia personale e per la dignità con cui ha vegliato sulla memoria del fratello Piersanti, Sergio Mattarella è la dimostrazione del contrario.

8

Pasolini, sono stati i fascisti

In questa notte canaglia riemergono i momenti più esaltanti. La data di uscita del primo numero è fissata per il 23 settembre 2009. A pochi giorni dal debutto contiamo di già, incredibile, trentamila abbonamenti che sarebbero diventati trentacinquemila prima della fine dell'anno. Il nostro Ad, Giorgio Poidomani ne aveva pronosticati quattromila «ma sarà dura averli»: perderà clamorosamente la scommessa con Travaglio, motore turbo di tutta l'operazione. Il mio primo editoriale comincia con queste parole: «La linea politica del Fatto *è la Costituzione italiana». Restano così spiazzati tutti quelli che si aspettavano un soffietto a Grillo e grillini o un manifesto «de sinistra». La notte del 22 settembre viviamo lo stato nascente come lo sognano tutti coloro che sentono di partecipare a un evento unico e irripetibile. Toccante l'attesa dei pacchi con le prime copie, odorose di stampa, che il nostro manager tuttofare Daniele Panetta è andato a ritirare con altri eccitati volontari nella tipografia sulla Tiburtina. Verso mezzanotte il sito straborda di messaggi di chi ha letto il quotidiano on-line: ci scrivono da tutto il pianeta. La mattina dopo le edicole, prese d'assalto dai lettori, espongono un cartello memorabile: «il* Fatto *è esaurito».*

Che abbiamo fatto per meritarci tutto questo? La gente ha creduto in noi più di noi stessi.

Nelle riunioni iniziali ci poniamo il problema delle querele che, con il giornale «che non fa sconti a nessuno», ci pioveranno addosso copiose. Si prende in considerazione l'ipotesi di una testata pirata, con sede in una delle isole della Manica. Grazie all'extraterritorialità potremo scrivere ciò che ci pare, senza essere braccati dalle richieste di danni da risarcire. Non se ne farà nulla. Infatti, in soli sei anni di direzione verrà chiesto all'autorità giudiziaria di procedere per 471 volte contro il quotidiano in sede penale e civile. Verranno richiesti risarcimenti per un totale di 141 milioni di euro. Come direttore responsabile ne rispondo in solido, sottoposto alla tagliola dell'omesso controllo. Se per ipotesi i giudici si coalizzassero per farci pagare fino all'ultimo euro, avremmo già chiuso per debiti. E io sarei finito in galera.

Appena si diffondono le cifre del nostro imprevisto successo, nel mio cubicolo in via Orazio ricevo ospiti prestigiosi, desiderosi di conoscere qual è il nostro segreto. Grazie ai buoni uffici di Beatrice Borromeo una mattina si presenta John Elkann che mi chiede quante copie vendiamo e con quanti giornalisti confezioniamo il Fatto. *Rispondo con malcelato orgoglio: «Tocchiamo le centomila copie in edicola e utilizziamo una ventina di redattori, a parte i collaboratori esterni». Non muove un muscolo del viso, sembra incuriosito dalle bizzarre avventure che ci hanno condotto lì. Immagino non gli sfugga il confronto con i sontuosi organici del suo gruppo editoriale.*

«Sono Oriana Fallaci, Padellaro, ascolta bene. Pasolini è stato ucciso dai fascisti. DAI FASCISTI, scrivilo!» Il giorno dopo il ritrovamento del corpo maciullato del poeta all'Idroscalo di Ostia il mio telefono nella redazione romana del *Corriere della Sera* (allora in via del Parlamento) vibra di rabbia. Lusingato ma anche intimorito dalla furia della celeberrima collega, non so cosa rispondere. Balbetto qualcosa sulle indagini di Polizia, notizie a cui la Voce non sembra minimamente interessata. Chiede, anzi, intima un titolo sui killer fascisti da pubblicare l'indomani sul più importante giornale italiano. Che però non otterrà. In quelle ore non si ha alcun elemento concreto per scrivere che Pierpaolo Pasolini è stato vittima di un agguato fascista. Al momento abbiamo solo un'intuizione della Fallaci le cui affermazioni riporto fedelmente tra virgolette. Dopo quella volta non mi cercherà più. Un passo indietro.

È trascorso quasi mezzo secolo da quel massacro, oggi in via dell'Idroscalo a Ostia, nel luogo dove fu ucciso Pasolini, c'è un parco ben curato, impreziosito da un monumento alla sua memoria e da citazioni estratte dai suoi libri e incise su lastre di marmo. Quel giorno, invece, mi trovo a camminare lungo uno sterrato impastato di fango e sangue. Quando arrivo, il cadavere è stato già portato via, ma per la Polizia scientifica una minuziosa ricostruzione di quanto accaduto nella notte sarebbe ancora possibile. Prima, naturalmente, che l'assembramento di curiosi accorsi alla notizia e liberi di sostare e passeggiare, come visitatori di uno zoo, calpestino e cancellino ogni segno e impronta utili alle indagini.

Le stazioni della via crucis sono unite da un filo rosso che segna il perimetro del delitto. Una grossa scheggia di legno della staccionata macchiata di materia cerebrale; il solco degli pneumatici dell'Alfa GT di Pasolini e l'impronta del corpo travolto e schiacciato dall'assassino (assassini?) in fuga. Intorno, una fioritura di fazzoletti di carta con il dna di prostitute e clienti che lì ogni notte si appartano. E forse anche, con il dna dei massacratori, se ad agire è stato più di uno. Con l'arrivo delle telecamere Rai, i testimoni si fanno volentieri avanti. «L'ho trovato io» sostiene la signora Carla «erano le sei e mezzo, albeggiava, e ho visto quella cosa in mezzo alla strada, mi sono avvicinata ed era un corpo. Una cosa orribile, orribile». Ninetto Davoli è straziato: «Non ci sono parole, era la persona più buona del mondo». Mentre un tizio con un grosso cane al guinzaglio distilla massime vernacolari di vita: «*Se scherzi cor foco prima o poi t'abbruci*».

La tesi dell'intellettuale comunista e frocio che ha avuto il benservito circola già indiscutibile.

Qualche metro più avanti alcuni ragazzotti con i Ray-Ban d'ordinanza osservano e ridacchiano. Per non prendere buchi cerco di origliare i commenti dei cronisti di nera del *Messaggero*, del *Tempo*, di *Paese Sera*: vecchi lupi di mare che osservano, appartati. Uno lo conosco, di norma divide i moventi dei delitti di sangue in due categorie dello spirito: «*robba de pelo*» e «*robba de culo*».

Torno in redazione e trovo sulla scrivania montagne di agenzie che recitano tutte la stessa versione. A uccidere Pasolini è stato un giovane «prostituto» di nome Pino Pelosi, fermato dalla Polizia a bordo dell'Alfa rubata. Ha confessato. Si tratta di un rapporto omosessuale finito male. Tutto chiaro. Caso chiuso.

E invece no. Non mi riferisco alle successive ritrattazioni di Pelosi e alle controinchieste condotte dagli amici del poeta con l'aiuto di esperti e avvocati: un puzzle delle tante omissioni e menzogne che sarà ricostruito solo nel 1995 da Marco Tullio Giordana nel film *Pasolini, un delitto italiano*. Anche per me, cronista quasi per caso, sembra tutto piuttosto strano: il ritrovamento del cadavere che risale all'alba e l'arrivo dei primi inviati quando il corpo è stato già portato via da ore. Ragion per cui, la scena del delitto è stata violata in lungo e in largo e dunque resa inservibile alle indagini. Poi, la tesi dell'omicidio a sfondo sessuale subito sposata dagli inquirenti senza possibilità di appello. E se si trattasse davvero di un agguato fascista come detto da Oriana Fallaci? Negli anni l'ipotesi più realistica – ma non dimostrabile in sede giudiziaria («io lo so ma non ho le prove») – mette in relazione l'eliminazione dell'intellettuale più odiato dai poteri marci che assediano il Paese – la P2, l'eversione nera – a qualcosa di ancora più oscuro e complesso di una semplice lite con un marchettaro. In quell'epoca scaricare la colpa sui fasci è in fondo una semplificazione quasi apodittica. Anche per la Fallaci, allora compagna di Alexandros Panagulis, imprigionato e torturato dai colonnelli greci, non è facile liberarsi dell'angoscia dell'«uomo nero». Oriana, in seguito, avrà altre vite e coltiverà altre opinioni. Chissà, se fosse ancora tra noi, cosa scriverebbe oggi? Mentre sappiamo cosa aveva scritto sull'argomento Pasolini dopo il delitto fasciopariolino del Circeo: «Non abbiamo fatto nulla perché i fascisti non ci fossero. Li abbiamo solo condannati gratificando la nostra coscienza con la nostra indignazione. E più forte e petulante era l'indignazione, più tranquilla era la coscienza. In realtà ci siamo comportati con i fascisti (parlo soprattutto di quelli giovani) razzisticamente: abbiamo cioè frettolosamente e spietatamente voluto credere che essi fossero predestinati razzisticamente a essere fascisti, e di fronte a questa decisione del loro destino non ci fosse niente da fare. Li abbiamo subito accettati come rappresentanti inevitabili del Male».

«Fascista» è l'ingiuria più usata dall'intellettualità di sinistra, un sasso da scagliare addosso a chi non è automaticamente d'accordo con i sacri dogmi del politicamente corretto. Il fascismo aggettivale in quel periodo si sostanzia nel neofascismo reale, la cui attività eversiva (pestaggi, attentati, delitti, stragi), in combutta con i servizi segreti più o meno deviati, è ormai storia patria. Ne risulta una sorta di antifascismo fondamentalista, che ricava la sua dimensione mistica nell'antifascismo resistenziale da venerare senza interrogativi, come il dogma dell'Immacolata. Si viene invitati a parlarne nelle scuole dove capita di spiegare la differenza tra i partigiani e repubblichini, o cosa sia la Shoah, a ragazzini di prima media che ti guardano assorti nei loro pensieri adolescenziali, mezzo addormentati oppure frementi in attesa dell'ora di ricreazione mentre preside e insegnanti applaudono come a teatro. Sull'argomento fascismo, dunque, sembra impossibile far valere equilibrati giudizi di valore. In certe accaldate conversazioni anche il solo cercare di distinguere, per esempio, tra un estremismo criminale e una destra liberale e legittimamente anticomunista può costare l'ostracismo e l'accusa di «fare oggettivamente il gioco dei fascisti». Oggettivamente. Una visione ossessiva, di comodo, che rende cieche e sorde perfino le intelligenze meno docili.

Anni fa nel rievocare il rogo di Primavalle, lo scrittore scomparso Ruggero Guarini spiegherà bene questo meccanismo di denegazione. Nell'aprile 1973, in un appartamento dell'estrema periferia romana vengono arsi vivi i fratelli Mattei, Virgilio di ventidue anni e Stefano di otto, figli di un militante dell'Msi. La magistratura spicca ordini di cattura contro due ex studenti del liceo Castelnuovo, militanti nella sezione Roma Nord di Potere Operaio: Marino Sorrentino e Achille Lollo. Le prove raccolte a loro carico sono schiaccianti ma i due verranno comunque assolti. Una sentenza accolta con soddisfazione dalla grande stampa «antifascista» che, nel frattempo, continua a parlare di faida interna al Movimento Sociale e di trame nere.

Lollo festeggia l'assoluzione nella villetta dei genitori a Fregene. Quella sera a mangiare pizzette e a sorseggiare champagne ci sono anche Alberto Moravia, Dario Bellezza ed Elio Pecora, invitati dall'allora caporedattore del *Messaggero*, Ruggero Guarini, che un quarto di secolo dopo si racconterà così, impietosamente: «Convinto che fosse innocente, mi feci utilizzare non solo come mediatore mondano nel salottume sinistresco chic ma anche come editor del dattiloscritto di Potop [collettivo a cui si deve la controinchiesta *Incendio a porte chiuse*. N.d.A.] redatto in sinistrese inefficace. Fu una mia amica e collaboratrice che mi convinse a fare questa sciocchezza ritenendo che Lollo fosse innocente perché così mi avevano fatto credere. Tutto il ceto intellettuale di sinistra ha, a lungo, indugiato in quella pratica che Freud chiama "denegazione": l'inconscio sa che è vero, sa che esiste un terrorismo rosso ma il nostro sistema psicologico, culturale, cosciente si ostina a negarlo. Si può anche parlare di bisogno di credere. Ma non conosco un solo intellettuale che abbia fatto l'autocritica e che abbia detto: sono stato un cretino». Vero, anche se la denegazione non agisce in una sola direzione politica.

Nel processo di appello, Lollo verrà riconosciuto colpevole e condannato a 18 anni quando, però, ormai è al sicuro in Sudamerica. Solo a pena prescritta ammetterà le sue responsabilità nell'incendio, con una scusa: nelle intenzioni sue e dei suoi complici avrebbe dovuto essere un attentato dimostrativo ma «qualcosa era andato storto».

Come ha scritto Umberto Eco: «Il fascismo non è solo un prodotto storico-ideologico della politica, ma anche una tentazione che anima eternamente la vita umana».

Questa frase conclude l'articolo di uno psichiatra della politica (Massimo Recalcati). Dal titolo quanto mai confortante: *L'uomo nero che è in noi*. Un balsamo misericordioso per lenire le ambiguità insite nella storia personale di molti. Nella mia certamente. E se l'«uomo nero» che voleva prendere possesso della mia reputazione – e contro il quale sentivo (sapevo) di non opporre adeguata resistenza – fosse riemerso da qualche oscuro sottoscala della mia famiglia? Dai geni di un ceppo troppo intriso degli umori assorbiti dalla Bestia in camicia nera? Non esageriamo. È difficile trovare in Italia una genealogia esente da qualsiasi compromissione con il famigerato (in seguito) Ventennio. Lo ammette lo stesso Umberto Eco nelle prime righe del bestseller *Il fascismo eterno*: «Nel 1942, all'età di dieci anni, vinsi il primo premio ai *Ludi Juveniles* (un concorso a libera partecipazione coatta per giovani fascisti italiani, vale a dire, per tutti i giovani italiani). Avevo elaborato con virtuosismo retorico sul tema: "Dobbiamo noi morire per la gloria di Mussolini e il destino immortale dell'Italia?" La mia risposta era stata affermativa. Ero un ragazzo sveglio».

A ripensarci adesso è probabile che io sia stato sempre intimamente non di destra, ma con idee e inclinazioni da conservatore liberale sì. E che, dunque, la sinistra sia stata solo un modo per coprirmi, per dissimulare il mio vero io condito con una buona dose di opportunismo. Rievoco tali trascorsi perché ritengo giusto fare i conti con una scelta politica che, all'inizio della vita adulta, poco aveva a che fare con il pesante cognome che portavo. Neppure si poteva sostenere che avessi cambiato idea. Il fatto è che quelle «idee», semplicemente, non le avevo mai coltivate. Ero diventato di sinistra per moda, quasi per allegria. Per sentirmi figo e dalla parte giusta della storia. Anche se poteva accadere che contro quel passato familiare andassi a sbattere il muso.

Un'ambiguità congenita e recidivante come un herpes che riemerge nella primavera del 2019 quando ho pubblicato un libro sui colloqui riservati tra Enrico Berlinguer e Giorgio Almirante durante gli Anni di piombo. Subito a destra ci fu una gara a lodare un documento «coraggioso». Se ne poteva comprendere il motivo visto l'accostamento di un ex caporione repubblichino nientemeno che con uno dei simboli più luminosi della sinistra. Il leader di un partito, l'Msi, che manteneva solide radici nostalgiche se non addirittura fasciste. Mentre piovevano gli inviti dei maggiori esponenti di Fratelli d'Italia (non ancora esploso come primo partito italiano sotto la guida di Giorgia Meloni) affinché raccontassi quel prodigio, a sinistra il libro fu abbastanza ignorato in quanto tacitamente considerato non corretto politicamente, per non dire imbarazzante.

A proposito di Giorgia Meloni, non dimentico l'invito ad Atreju del 2019 per parlare del libro su Almirante e Berlinguer. Sul palco c'erano Walter Veltroni, Bianca Berlinguer, Massimo Magliaro, Ignazio La Russa e Luca Telese. Una platea attenta e rispettosa.

Un dibattito civile e sincero sugli Anni di piombo come non se ne sono più visti.

Fu così che quando la sinistra impostò la campagna elettorale del 2022 su quell'antifascismo rituale e, tutto sommato, insincero ho avvertito che una certa patina scivolosa maturata verso i miei improvvisati compagni di strada stava generando forme di ulteriore rigetto. In assenza di solidi argomenti, questo scagliare l'antifascismo contro gli avversari mi apparve come un gioco abbastanza scoperto. Tanto più quando, nel nome di un antifascismo posticcio, di maniera, si giustifica tutto il resto, a cominciare dall'uso antifascista e «rivoluzionario» della violenza. Ha scritto in proposito Marcello Veneziani: «L'antifascismo è un tema discriminante per la sinistra ma che con gli anni si è trasformato da rivendicazione storica fondativa in mobilitazione permanente contro l'*Ur-faschismus*. Il fascismo elevato a categoria eterna, assoluta del male».

Mi sono appuntato anche una frase della sociologa Camille Paglia: «La natura è fascista». Come dire che se tutto è fascismo, nulla lo è. In seguito, tuttavia, certe dichiarazioni tragicomiche della seconda carica dello Stato sulla rappresaglia delle Fosse Ardeatine (l'attentato partigiano di via Rasella al contingente nazista organizzato, secondo Ignazio Benito Maria La Russa, contro una innocua «banda musicale» altoatesina) scoprirà il vero nervo malato della destra nata dalla Fiamma. A cui con grande tormento si riusciva a estorcere, come fosse un dente malato, una qualche condanna del nazifascismo (espettorata soprattutto per rispetto della comunità ebraica). Mai però ci sarebbe stata da parte dei nipotini di Almirante un'adesione all'antifascismo militante poiché esso rappresentava la linea rossa (oppure nera) che per un ottantennio, o giù di lì, aveva cacciato e recluso in un ghetto politico la destra italiana. Esclusa dal cosiddetto arco costituzionale e resa infrequentabile e quasi senza diritto di parola (vedi il foglio che, con ammirevole auto-sarcasmo, i reietti chiamarono *La voce della fogna*). Una volta conquistato il potere, come si poteva pretendere che gli ex reietti si arruolassero in quell'antifascismo da cui si erano sentiti così a lungo e sferzantemente discriminati? Uno sforzo innaturale perfino per la premier che, visto il suo ruolo istituzionale, ha sempre fatto fatica a prendere le distanze. Quando commemorando i morti delle Ardeatine parlò genericamente di «italiani», come se invece che antifascisti ed ebrei fossero stati semplicemente dei passanti.

Una volta, allora lavoravo al *Corriere della Sera*, chiedo un'intervista a Giorgio Almirante – il «fucilatore di italiani», secondo una sentenza che si portava cucita addosso come la lebbra – che mi riceve in un angusto studio nella sede del Movimento Sociale in via delle Quattro Fontane. In precedenza avevo scritto di tutto e di più sulle responsabilità missine nelle trame nere, tesi che Almirante respingeva con qualche ragione poiché aveva tagliato traumaticamente i ponti con la destra eversiva per non farsene complice. Nel mio fervore mancava poco che chiudessi i miei articoli con un solenne: «Fascisti, carogne, tornate nelle fogne». Almirante rispose a tutte le domande, anche le più provocatorie, ma al termine del colloquio quando ero già con un piede fuori della porta mi chiese con un sorrisetto cattivo: «Mi tolga una curiosità, ma lei per caso è parente di quel Padellaro che era con me a Salò?» Si chiama nemesi.

9

Carissimi nemici

Scoccano le due e lo schermo continua a lampeggiare inerte. Cosa farò una volta fuori di qui? Non sarà una vera e propria cerimonia degli addii, anche se dentro di me molte fiammelle si stanno spegnendo. Saluterò gli amici, i colleghi, coloro con cui mi sono sentito in sintonia, tutti praticamente. Abbraccerò Marco. Ogni tanto qualcuno mi chiede: «Ma come fate ad andare d'accordo, tu e Travaglio, che siete così diversi». La differenza tra noi è soprattutto generazionale: lui è più giovane di me di quasi vent'anni, e ha una storia giornalistica molto diversa dalla mia. Entrambi, però, sappiamo fare ciò che l'altro pensa di non essere in grado di fare o non fa volentieri. Il mio rodaggio professionale e soprattutto la mia esperienza sul fronte delle notizie risalgono alla cosiddetta Prima Repubblica e può darsi che a furia di frequentare i democristiani, democristiano lo sia diventato un po' anche io. Chissà, dopo anni di cronache, di riunioni, di congressi al seguito della Balena Bianca, è probabile che abbia introiettato l'idea che la ricerca – purché non spasmodica – del compromesso possa non essere necessariamente un difetto, o un reato. Il giornalismo consiste nel sapere scegliere sin dall'avvio del lavoro mattutino, quando tra cento possibili argomenti occorre selezionarne al massimo quattro o cinque. Per poi saltarci sopra. Guai a traccheggiare in un giornale i cui lettori vogliono posizioni chiare, nette e possibilmente spietate. Insomma, Marco e io siamo la dimostrazione vivente che nella vita non bisogna essere simili per andare d'accordo. Basta avere alcuni punti di contatto, di condivisione oppure trovare il modo per far sì che le differenze siano un valore aggiunto. Le testate di successo, spesso, sono il risultato di una miscela particolare, la combinazione di qualità e difetti: anche dal cattivo carattere o da certe impuntature può nascere qualcosa di positivo. Con Marco ci siamo intesi su qualcosa che viene prima di ogni diversa opinione: il vero peccato imperdonabile del giornalismo è la noia. Se la lettura di un articolo stufa perfino chi lo scrive vuol dire che si è sbagliato tutto. Se può incuriosire i lettori, può funzionare. Se li fa incazzare, tombola! Mentre il progetto del Fatto *prende forma mi documento sulle procedure per ottenere i finanziamenti statali di cui usufruiscono perfino le testate più improbabili e sconosciute. Potremmo magari costituirci in cooperativa. Poi con Marco riflettiamo meglio: «No, niente finanziamento pubblico, deve essere questo il nostro carattere distintivo». Viviamo il pensiero di avere qualcuno che, dandoci soldi, può decidere cosa vada bene e cosa no, come qualcosa di intollerabile. Marco possiede una mostruosa capacità di lavoro e di scrittura. Ha orari assai particolari, rimane sveglio spesso fino all'alba e dunque vive su un fuso orario diverso dal resto del giornale e di noi umani. Eppure, da quando esistiamo lui produce la sua colonna quoti-*

diana, caschi il mondo. Uno sforzo che ogni mattina garantisce al Fatto *un* quid *che gli altri non hanno. Senza contare che da quasi un decennio il giornale lui lo dirige pure. Può apparire strepitoso nell'ironia oppure eccessivo nella critica, ma un Travaglio lo abbiamo soltanto noi. È il solo che riesce a cogliere l'aspetto grottesco del potere italico in tutti i suoi aspetti. Il monumentale archivio, che aggiorna certosinamente, è una santabarbara di frasi pronunciate e poi dimenticate. Non da lui. La sua penna resta la sola arma efficace nel momento in cui l'indignazione e la denuncia diventano generi consumati. Anche sui rapporti personali Marco non fa sconti. Nel marzo del 2013, Beppe Grillo, sul suo blog, prende di petto me e Furio Colombo, ci definisce «giornalisti schierati, residuati dell'*Unità *che ha sempre vissuto di contributi pubblici». È chiaro che avevamo scritto cose a lui poco gradite. All'epoca Marco sul sito di Beppe cura la rubrica settimanale:* Passaparola. *È uno degli appuntamenti più attesi, che contribuirà non poco alle fortune politiche del comico. Marco, senza che io gli dica nulla, appena legge quel post chiede al futuro Elevato del M5S di rimuoverlo pena l'interruzione della sua collaborazione. Beppe non ne vuole sapere e Travaglio senza aggiungere altro, dall'oggi al domani non scriverà più una parola per il blog.*

In questo strano clima ci rechiamo a Parigi a presentare il Fatto *alla comunità degli studenti italiani. Ci viene a trovare Grillo e c'invita al suo spettacolo che quella stessa sera si tiene in un teatro non lontano dal Moulin Rouge. Tutto molto divertente finché il comico, che sta per lanciare il Movimento 5 Stelle, fa dirigere un potente fascio di luce sulle prime file della platea dove Marco e io abbiamo preso posto. E ci presenta con queste parole: «Salutiamo gli amici del* Fatto, *ecco Padellaro ed ecco accanto a lui Travaglio che sarà il vero direttore del nuovo giornale». Applausi.*

Non è un mistero che per la direzione del Fatto, *Grillo avrebbe preferito di gran lunga Marco. E, all'inizio, io pure penso a lui, ritenendolo il più adatto della compagnia. Ma quando glielo propongo dice di non sentirsi pronto per un compito così gravoso che non ha mai svolto in precedenza. Poi, nel dicembre 2014, arriva il suo momento: come una vera squadra decidiamo che dopo quasi sei anni di mia gestione è ora di passare la «patata bollente» a Travaglio. Che negli anni a venire dimostrerà di essere, anche, un eccellente direttore.*

Nel 2011, in occasione dell'uscita di un suo saggio, decidiamo di ascoltare Eugenio Scalfari e affidiamo l'incarico a Silvia Truzzi, autrice di belle interviste ai cosiddetti «Padri della patria». La figura del fondatore di *Repubblica*, con la sua autorevole barba da saggio e il capo eretto come «un ostensorio portato in processione» – così lo descrive scherzando il suo amico Carlo Caracciolo – incute nel mondo dei giornali deferenza e timore, di cui egli ogni tanto si fa beffe.

Tanto per capire il soggetto, sentite questa. Quando ero all'*Espresso*, Scalfari mi raccontava di essere continuamente infastidito dalla copiosa produzione di libri firmati da colleghi, amici o sottoposti. Sosteneva di avere gli scaffali ricolmi di volumi, perlopiù superflui. Peggio erano le molestie degli autori che dopo aver partorito pretendevano dal supremo direttore un giudizio, possibilmente benevolo. Lui, che le pagine di quei tomi lasciava inevitabilmente intonse, onde togliersi di dosso quei «rompicoglioni» mi confidò di avere adottato una formula ineccepibile, composta da due magiche paroline: «Mi compiaccio». Espressione, come ebbe a spiegarmi, sufficientemente cortese, perfino affettuosa ma che di per sé non esprime alcun giudizio di merito sugli scritti dei sedicenti Proust. Costoro, ricevuta la augusta benedizione si allontanavano lusingati e confusi non avendo ben compreso se l'esame fosse stato superato oppure no. Poi, capitò a me di dare alle stampe qualcosa e la prima volta che incrociai Eugenio nei corridoi di via Po fu lui a prendere l'iniziativa. Mi venne incontro, mi strinse calorosamente la mano e pronunciò il micidiale verdetto: «Caro Antonio, ho ricevuto il tuo volume, mi compiaccio».

Bene, Scalfari accetta di farsi intervistare ma è piuttosto polemico nei confronti del nostro giornale: «Voi del *Fatto* avete un fucile a due canne: sparate contemporaneamente un colpo sul Pdl e uno sul Pd». Lo angustiavano le critiche ai Dem che considerava la parte politica buona e giusta che ogni sincero democratico avrebbe dovuto trattare con considerazione e rispetto. Ma quando Silvia gli ricorda che l'informazione dovrebbe essere indipendente dai poteri costituiti, e *in primis* dalla politica, non demorde: «*Il Fatto* somiglia al *Corriere della Sera* che evidenzia continuamente le crepe del Pd perché l'ideologia di quel giornale è privilegiare il centro. *Il Fatto* non si capisce chi privilegi». Di fronte a tanta impudenza, gli rispondo qualche giorno dopo sulle colonne del nostro giornale, ringraziandolo ironicamente di cuore: «È il più bel complimento che ci potevi fare» scrivo sottolineando quanto sia maliziosa l'interpretazione che Scalfari dà al ruolo ancillare di giornali e giornalisti. Che, in realtà, non dovrebbero assecondare questo o quello, bensì esprimere giudizi, se occorre anche i più negativi, purché argomentati, nei confronti di partiti, personaggi di potere o delle istituzioni.

Sarebbe finita lì, ma pochi mesi dopo, siamo a novembre, Scalfari è ospite della trasmissione de La7, *Otto e Mezzo*. Lilli Gruber gli chiede: «Ma adesso che è caduto Berlusconi, *Repubblica* che cosa scriverà?» La brava conduttrice allude alla militanza antiberlusconiana del quotidiano diretto da Ezio Mauro. Scalfari risponde che *Repubblica* «non ha alcuna preoccupazione visto che, oltre alla parte del giornale dedicata alla politica, ce n'è un'altra che si occupa di cultura e che rappresenta il vero fiore all'occhiello della testata. Altri si devono preoccupare, come gli amici del *Fatto*» conclude amarognolo. Quella battuta, alla quale replichiamo sempre in maniera garbata, rivela però un nervo scoperto. Effettivamente, quando ha visto la luce, *Il Fatto* si è trovato a occupare una parte del segmento di mercato nel quale fino a quel momento *Repubblica* spadroneggiava. Non mi sono mai divertito a calcolare quante copie abbiamo sottratto all'allora colosso di Carlo De Benedetti. Stando alle ricerche di mercato, i due quotidiani hanno la stessa tipologia di lettori, anche se, nella maggior parte dei casi, veniamo considerati una seconda scelta.

Come spiegare allora la veemenza con cui Scalfari ci attacca? Semplice. Prima della nascita del *Fatto* il «Fondatore» entra nella leggenda del giornalismo come il demiurgo che dal nulla ha creato un grande prodotto. Sono davvero pochi coloro i quali possono vantare un simile primato. Quando nasce, *la Repubblica,* sia pure con una foliazione ristretta, dà battaglia al duopolio *Corriere della Sera-La Stampa,* con la sola forza della novità e della bravura della squadra che Scalfari ha messo in piedi in poco tempo. Vero che alle spalle ha due colossi editoriali: *L'Espresso,* il settimanale più venduto d'Italia, e il gruppo Mondadori. Quando *Il Fatto* diventa un fenomeno editoriale, il «Fondatore», comprensibilmente, non la prende bene. Che quel suo primato solitario venga messo in discussione non gli va giù. E se la delusione è umanamente comprensibile, lo è meno l'auspicio di un nostro rapido fallimento da lui caldeggiato.

Lo scontro con *Repubblica* si rinfocola nel 2012 quando *Il Fatto* è impegnato a pubblicare i retroscena della cosiddetta «trattativa Stato-mafia». Una pista su cui lavora attivamente la procura di Palermo, con Antonio Ingroia e Nino Di Matteo in prima linea. Un'inchiesta che arriva a coinvolgere l'ex guardasigilli ed ex presidente del Senato Nicola Mancino, indagato per falsa testimonianza. Le intercettazioni telefoniche della sua utenza rivelano pressioni sul Quirinale affinché l'indagine venga avocata dal capo della Direzione nazionale antimafia, Pietro Grasso, che, tuttavia, non riterrà di dover accogliere questa richiesta. In alcune telefonate Mancino parla con il consigliere giuridico di Giorgio Napolitano, Loris d'Ambrosio e in un paio di intercettazioni è a colloquio direttamente con il capo dello Stato. Un grosso problema, vista l'immunità pressoché totale di cui gode l'inquilino del Colle.

Gli inquirenti considerano quelle conversazioni ininfluenti ai fini dell'indagine e le mettono al sicuro in cassaforte, in attesa che un giudice, in accordo con le parti, ne decida la distruzione. Passaggio delicatissimo, in cui la segretezza dei contenuti potrebbe correre dei rischi. Un passaggio eludibile, secondo il presidente della Repubblica che, infatti, sollecita l'immediata distruzione di quel materiale. Su questo punto nasce il conflitto tra poteri e ne deriva un attacco senza precedenti alla magistratura palermitana. Non soltanto a Di Matteo e Ingroia ma anche contro il capo della procura di Palermo, Francesco Messineo.

Quando *Il Fatto* viene a conoscenza delle intercettazioni che coinvolgono il Quirinale, il collega Marco Lillo chiama D'Ambrosio. Il consigliere del presidente, da brava persona qual è, conferma di aver parlato con Mancino, pur non specificando se su indicazione di Napolitano o meno: «Queste cose non le posso dire perché sono coperte da segreto» puntualizza. Non smentisce che il Quirinale sia intervenuto con una lettera diretta al procuratore generale della Cassazione, Vitaliano Esposito. Noi pubblichiamo tutto e, qualche giorno dopo, il Colle diffonde il testo di quella missiva nella quale si chiedono chiarimenti sulla configurabilità penale della condotta degli esponenti politici coinvolti nell'indagine di Palermo. Ma, soprattutto, sollecita una più attenta sorveglianza sul comportamento della Procura, per evitare invasioni di campo. «Ma che cosa volete? Tutto quello che abbiamo fatto è alla luce del sole» commenta con noi il portavoce Pasquale Cascella. Sì, ma soltanto dopo che *Il Fatto* ha chiesto di sapere se e quali interventi ci fossero stati. Se quella lettera non fosse stata coperta dal segreto, avremmo dovuto esserne informati al momento dell'invio, non dopo.

A peggiorare, se possibile, i rapporti del nostro giornale con il Colle, giunge, improvvisa, la morte di D'Ambrosio, nel luglio 2012. Quando telefoniamo a Cascella lui risponde tagliente: «Vi rimorde la coscienza?» Un approccio del tutto fuori luogo, visto che nulla abbiamo fatto o scritto contro il consigliere, se non raccontare ciò che andava raccontato.

Napolitano in quell'occasione dirama un aspro comunicato con il quale si fa capire che D'Ambrosio è morto d'infarto, distrutto dalle cose lette sui giornali. Si può ben comprendere che il capo dello Stato, amico del defunto, del quale ha sempre apprezzato doti e qualità, tenti di difenderne la memoria. E accettare che il dolore personale gli faccia pronunciare qualche parola di troppo. La cosa indecente, però, è il coro che si leva a seguito di quel comunicato da parte della cosiddetta grande stampa. Ricordiamo con rabbia un articolo del direttore de *La Stampa*, Mario Calabresi, che indica noi – insieme con Antonio Di Pietro – come i responsabili di una campagna contro D'Ambrosio che ha finito per causare l'infarto fatale dell'uomo.

Così, come già accaduto ai tempi di Berlusconi, l'informazione diventa la guardia reale dell'intoccabile potente di turno, che Napolitano incarna alla perfezione. E questo è il nostro mestiere?

In quei giorni, all'interno di *Repubblica* – sebbene la testata sia vicina a Napolitano – ci sono firme illustri che si schierano a favore della magistratura palermitana: Barbara Spinelli, Franco Cordero e il professor Gustavo Zagrebelsky. Questi, in un'intervista al *Fatto Quotidiano* critica il Quirinale, confermando che l'azione dei giudici non deve subire interferenze. E, come da copione, ad adombrarsi non sarà soltanto Re Giorgio ma lo stesso Scalfari. Si crea una frattura tra il fondatore di *Repubblica* e chi non è in linea. La polemica dura una settimana finché l'allora direttore Ezio Mauro decide di mettere la parola fine, dando formalmente ragione a Scalfari ma riconoscendo che il Quirinale non si è comportato in maniera rigorosa su una materia così sensibile.

Mauro punta poi il dito contro *Il Fatto*, sebbene non in maniera dichiarata ma certamente allusiva e offensiva: «Il fatto è che l'onda anomala del berlusconismo ha spinto nella nostra metà del campo (che noi chiamiamo sinistra) forze, linguaggi, comportamenti e pulsioni che sono oggettivamente di destra». Parole alle quali rispondo per le rime qualche giorno dopo: «Certo, non siamo mai nominati, ma è l'abitudine della casa: ammantarsi di una spocchiosa superiorità per meglio insultare l'avversario e poi nascondere la mano. È il giornalismo "de sinistra" che per quindici anni si è giovato dell'alibi Berlusconi per alzare le barricate e scendere nelle piazze con roboanti proclami e che adesso, soddisfatto, torna finalmente a riposarsi all'ombra del potere costituito. Notare il linguaggio da proprietari terrieri: "La nostra metà del campo". Nostra di chi? Chi ve l'ha regalata? Cos'è, un lascito di Napolitano? In nome di cosa pensate di rappresentare "ciò che noi chiamiamo sinistra"? (danno perfino il nome alle cose come la Bibbia). Un fenomeno davvero bizzarro quello di un direttore e di un fondatore che si ritengono dei padreterni. Verrebbe da chiedere in nome di quale autorità morale, di quale cattedra superiore decidano essi chi è di destra e chi di sinistra. E poi, visto che si parla di giornali, esistono notizie di sinistra e notizie di destra? Di grazia, questa scelta per così dire salvifica avviene sulla base delle telefonate del Quirinale? Del gradimento dei vertici Pd? O degli interessi del padrone? E se per caso a Savona c'è una centrale con tassi di inquinamento tipo Ilva, cui la proprietà di quel giornale tiene assai, non se ne parla perché trattasi di notizia "oggettivamente" di destra? Noi rispettiamo i giornalisti e i lettori di *Repubblica* e non ci permetteremmo mai di scrivere che per loro "cultura è già una brutta parola". Come avevo letto nell'editoriale puro stile Comintern».

È bastato questo incidente a cancellare i rapporti, non certo cattivi, mantenuti negli anni precedenti e a scavare un baratro tra noi e loro. Sulla scia di queste polemiche, Vitantonio Lopez, uno dei nostri redattori capo, lancia l'idea di chiedere ai lettori del *Fatto* di sostenerci. Siamo alla vigilia di Ferragosto, un periodo pessimo per raccogliere consensi. Ma, incredibilmente, nell'arco di un mese mettiamo insieme più di centocinquantamila firme che in una splendida giornata di settembre, consegniamo racchiuse nella chiavetta di un computer a Ingroia e a Di Matteo, venuti appositamente alla nostra festa della Versiliana e accolti da un bagno di folla.

10

Figuracce televisive

*Tutto ebbe inizio nei primi mesi del 2009. Con Paolo Residori ci incontriamo di solito alla fermata Cipro della metro A di Roma. Lui abita da quelle parti, mi aspetta imbracciando una presuntuosa cartella contenente i layout con le simulazioni delle pagine. Sono allo stesso modo orribili e affascinanti. Sulla bravura di Paolo non si discute, nella sua vita precedente, e prima di darsi a certi lavoretti di falegnameria da dove l'ho recuperato a fatica, è stato un apprezzato grafico dell'*Espresso*. Segue rigorosamente le mie indicazioni: un giornale dai caratteri duri, aggressivi; che al primo colpo d'occhio faccia capire ai lettori di che pasta feroce siamo fatti. Lui smonta e rimonta finché, ecco la formula vincente: una via di mezzo tra un bollettino caucasico all'epoca della rivoluzione d'Ottobre e i ghirigori di un tipografo ubriaco. I font rigorosi e squadrati dei titoli fanno male soltanto a guardarli mentre i colori che virano tutti sul rosso sangue grondano sdegno e rabbia. Fantastico! Sulle panchine della stazione, correggo con un pennarello blu le prove d'artista che Paolo mi sottopo-*

ne: a chi ci osserva dobbiamo sembrare una coppia di disturbati mentali in libera uscita.

Dovendo spostarmi in continuazione, la mia Alfa Romeo è un ufficio mobile che parcheggio in flagrante divieto di sosta sul Lungotevere e che regolarmente viene trainata via dai vigili urbani. Mi costa una fortuna. Sul sedile posteriore c'è il mio archivio: una pila di cartelline verdognole che contengono i curricula dei possibili assunti. Le fototessere degli esaminandi, perlopiù giovani e giovanissimi, mi parlano di furiose litigate con i paterni genitori, del tipo: quand'è che ti sistemi e la pianti di scribacchiare stronzate aggratis? Più una serie di tentativi infruttuosi di prendere possesso di una scrivania. Dei bravi ragazzi che pensano: proviamo anche con questi sfigati, sarà un altro buco nell'acqua ma a questo punto cos'ho da perdere?

Siamo nel 1997. Lui mi osserva di sottecchi, il sorriso stampato del coccodrillo sornione che può decidere di sbranarti se solo non ti mantieni a distanza di sicurezza. Sprofondo nella cremosa poltrona di *Porta a Porta* e nelle mie incertezze. Non riesco a imprimere alle domande quel tono ironico, leggermente sfottente, che mi ero ripromesso quando soltanto poche ore prima Bruno Vespa mi ha invitato al confronto televisivo con Silvio Berlusconi. Mi rendo conto di essere troppo morbido mentre cerco di ricamare sul grottesco autovittimismo di un personaggio che con la cortese collaborazione della sinistra aveva accumulato il patrimonio di un Creso, evitato la galera, rafforzato enormemente il ruolo di capo dell'opposizione e posto robuste basi, televisive, per la riconquista di Palazzo Chigi. «Se fossi in lei manderei un mazzo di rose a Massimo D'Alema» esordisco, ma la battuta viene coperta da una vacua osservazione del conduttore che permette al Cavaliere di glissare. Cerco di non alimentare il pianto greco del grande uomo perseguitato dai comunisti e dai killer dell'*Espresso*, di cui in quel momento sono il vicedirettore. Ma sotto il fuoco delle telecamere non puoi adagiarti sui mezzi toni. Con a disposizione una manciata di secondi, e di fronte un avversario sgusciante e velenoso, o lo metti subito alle corde o era meglio se restavi a casa. Soluzione che alla luce dei fatti successivi avrei preferito. Mi vengono in mente pensieri che non condivido. Perché devo avercela con il Cavaliere? In fondo cosa mi ha fatto di male? Sfodera il consueto sorriso plasticato, è vero, ma almeno è un'espressione meno sgradevole da quella eternamente ingrugnata di certi signori della sinistra. Mi chiama untuosamente «dottore»? Sempre meglio che essere definiti delle «iene dattilografe», come noi giornalisti veniamo simpaticamente apostrofati dal «leader maximo» D'Alema. Ovvio che stia cercando di conquistarmi. Si mostra suadente, seduttivo, insinuante. Decisamente meglio che arrogante, supponente, scostante. Mi domando che senso abbia opporre resistenza a questo brav'uomo che desiderava solo impadronirsi del cuore del prossimo e che sta lì per sciorinare la propria luccicante merce, estratta dalla cornucopia Mediaset, e per offrire a piene mani successo, soldi, sesso, protezione e apparente buon senso. Niente più problemi, avrebbe pensato a tutto lui. E invece no. A me viene richiesto di attaccarlo, tampinarlo, metterlo in cattiva luce. Lui mi sorride e io gli chiedo conto delle accuse di corruzione e del suo rinnovato legame con i razzisti della Lega di Bossi. La sua voce è carezzevole, la mia incrinata dal risentimento. Sto perdendo il confronto. Esco battuto. Non a caso, l'indomani, sulla pagina web dell'*Espresso* i commenti più gentili dei lettori sono: «incapace», «bella figura di merda», «venduto», «in televisione devono andare quelli bravi», «vaffanculo».

Poi la memoria mi riporta alla primavera del 1994 quando il treno del Cavaliere si era fermato una prima volta per farmi cortesemente salire. La direzione di *Tribuna elettorale* mi aveva chiesto se mi sentissi pronto a intervistare l'uomo da poco autonominatosi leader di un oggetto misterioso chiamato Forza Italia. Manca poco alle elezioni politiche e qualcuno in Rai mi ha messo sull'avviso: lo staff di Berlusconi si è risentito del fatto che a intervistare il candidato premier nella prima solenne uscita televisiva sulla principale rete pubblica siano due giornalisti del fronte avverso: la corrispondente dell'*Economist*, Tana de Zulueta (che si sarebbe successivamente candidata nelle liste dell'Ulivo) e il vicedirettore dell'*Espresso*, ovvero il sottoscritto, dichiaratamente schierato contro l'ingresso in politica del boss Fininvest. Avrei avuto l'opportunità di mettere alla frusta un personaggio che, fino a quel momento, si era potuto esibire, indisturbato, sulle reti di sua proprietà, adeguatamente sostenuto dalla corte osannante dei giornalisti della casa. Caricato al punto giusto, mi preparo una raffica di domande velenose che spaziano dalle origini poco limpide del patrimonio di famiglia al conflitto di interessi. Negli studi di Saxa Rubra, Berlusconi, giunto con largo anticipo per sottoporsi a una lunga seduta nel camerino del trucco, mi viene incontro incipriato e soave. Pronto a giurare che, malgrado una diversa visione dei problemi del Paese, io sono sicuramente uno dei suoi cronisti preferiti. Mi chiede se mi trovo bene all'*Espresso* e, senza badare alla risposta, si dice convinto che le mie qualità professionali potrebbero essere molto meglio valorizzate se... Non mi offre l'assunzione a *Panorama*, settimanale rivale della testata in cui lavoro, del quale con l'acquisto della Mondadori è diventato editore, ma i suoi occhi sono uno spot lampeggiante: bussa e ti sarà aperto.

Quindi, giunge al sodo: «Dottore, potrei conoscere il contenuto delle domande che intende rivolgermi?» «Naturalmente no». Il sorriso gli si affloscia come una ruota bucata, perde smalto. Nel salottino Rai dove ci hanno parcheggiati in attesa della registrazione siamo soltanto io e lui. Muta tattica: se non voglio anticipare le domande posso concedergli un accenno, solo un accenno, ai temi che intendo trattare? «Le chiedo» aggiunge compunto con il suo fare avvolgente «un gesto di cortesia e di correttezza». Confesso: sputai il rospo pur senza entrare troppo nei particolari. Memorizza il tema del conflitto di interessi, ma reagisce indignato di fronte alla prospettiva di doversi giustificare sui finanziamenti occulti di cui, quando cominciò tutto, si era giovato il suo gruppo. Teme, con qualche fondato motivo, che si vada a parare sui rapporti intercorsi tra Marcello Dell'Utri e i boss di Cosa Nostra. «Badi che se toccherà questo tasto replicherò che farebbe meglio a occuparsi, piuttosto, degli appalti che il suo editore Carlo De Benedetti ha indebitamente ottenuto per la Olivetti dal ministero delle Finanze» minaccia rattrappendo il sorriso in una smorfia cattiva. «Faccia pure» replico, ma non sono tranquillo. La prospettiva di impelagarmi in una polemica sugli affari del mio editore e l'imbarazzo di doverne in qualche modo prendere le difese al cospetto di milioni di telespettatori mi hanno in qualche modo destabilizzato. Prima di entrare nello studio, torna alla carica: davvero mi trovo bene in via Po (allora sede dell'*Espresso*)? Allargo le braccia e scoppio a ridere. Mi ha stremato.

La *Tribuna elettorale* andrà come doveva andare: io sparo le mie cartucce, lui le schiva tutte martellando il pubblico con lunghe tirate sul pericolo comunista in Italia – il suo ritornello politico permanente – senza che Vespa osi interromperlo. Terminata la registrazione, Berlusconi sparisce in un codazzo di scorte e addetti stampa, senza neppure salutarmi. Ora per lui conto meno di zero.

Furono anni strepitosi. Di sangue e merda.

«D'Alema, di' qualcosa, reagisci... Dai, di' qualcosa, D'Alema, rispondi, non ti far mettere in mezzo sulla giustizia proprio da Berlusconi... D'Alema, dì una cosa di sinistra. Di' una cosa anche non di sinistra, di civiltà... D'Alema, di' una cosa, di' qualcosa, reagisci... Non dobbiamo reagire eh... Nervi saldi, dobbiamo rassicurare... A forza di rassicurare, ci arriva una bastonata il giorno delle elezioni... Ho voglia di litigare con qualcuno!» La versione integrale del citatissimo «D'Alema di' qualcosa di sinistra» è molto più di una semplice invettiva. Nei primi fotogrammi del film *Aprile*, Nanni Moretti commenta un talk show dove Berlusconi imperversa. La richiesta di dire una cosa che sia anche solo «di civiltà» esprime il senso di abbandono, la frustrazione che angoscia l'elettorato progressista. Sempre in *Aprile*, Moretti, a Brindisi per girare un documentario sullo sbarco di massa degli immigrati albanesi, si guarda attorno sconsolato: «Il fatto che in questi giorni qui in Puglia non sia venuto nemmeno un dirigente della sinistra è un sintomo della loro assenza politica, ma soprattutto della loro assenza umana: a loro non gliene importa niente, hai capito? Io me li ricordo bene negli anni Settanta, a Roma, alla Figc: i giovani comunisti romani stavano tutti i pomeriggi davanti al televisore a vedere *Happy days*, Fonzie... È questa la loro formazione politica, culturale e morale».

Nel celebre saggio sul marxismo rococò, Tom Wolfe descrive l'intellettuale di sinistra come un tipo piuttosto odioso, inseparabile dalla sua necessaria indignazione. Anzi, «è stata la sua indignazione a elevarlo fino all'acrocoro di superiorità morale. Di lì poteva guardare al resto dell'umanità». Ah, quell'individuo «ubriaco fradicio di scetticismo, cinismo, ironia e disprezzo», «quel ghigno, quel distacco magnanime dalla plebe, quei lunghi indici di alabastro immacolati che additavano dall'alto le macerie di una civiltà rattoppata...». Mescolate il tutto all'improvvisa afasia al cospetto dell'avversario e all'assenza umana di cui sopra e avrete una possibile spiegazione della crisi, eterna, della sinistra in Italia.

Claudio Rinaldi conobbe Massimo D'Alema in un faccia a faccia alla festa dell'*Unità* di Ferrara, nei primi anni Ottanta. Lo trovò gelido e scostante. «È una persona molto perentoria in quello che diceva, molto tagliente. Così, a pelle, dava l'impressione di aridità: un primo della classe un po' saccente. Non sembrava attraversato da grandi passioni».

Lo rivide nel dicembre 1994 all'*Espresso* per il dibattito con Umberto Bossi e Rocco Buttiglione, dopo il cosiddetto ribaltone che aveva mandato il governo Berlusconi a casa. Niente da segnalare.

Nella prima metà del 1995, all'interno dell'allora Pds, si delineò il buonismo: pentimento per il ribaltone, dialogo con Berlusconi, prime polemiche contro i giudici, dichiarazioni-choc sulla possibilità che diventasse capo del governo anche chi aveva un rinvio a giudizio per evasione fiscale...

Il 20 agosto 1995 ci fu una telefonata preoccupata di D'Alema a Carlo De Benedetti: «Ma tu sei molto legato a Rinaldi?»

Nell'estate del 1995 la signora D'Alema, in un'intervista, se la prese con *Repubblica* ed *Espresso* perché non avevano difeso il Pds nella vicenda Affittopoli, scatenata dal *Giornale* di Vittorio Feltri.

Nel settembre 1995 D'Alema andò a casa Rinaldi a pranzo. Si fermò quasi tre ore. Fu molto affabile con moglie e figlia. Successivamente avrebbe definito Prodi e Veltroni come «due flaccidi imbroglioni». Cercava insistentemente il dialogo con il Polo: attribuiva alla criminalizzazione di Berlusconi la sconfitta del 1994. Mi disse Rinaldi: «Ho sempre pensato che lui facesse un grande errore ad affrontare la questione Berlusconi nei termini del dialogo. D'Alema mi precisò in seguito, ma già allora era su quella lunghezza d'onda, che a suo parere la politica era una cosa da professionisti. Che lui e tutto il suo partito e altri partiti erano dei professionisti della politica. Che Berlusconi era un dilettante. Aveva tante qualità ma in altri campi. Dunque, se lo si fosse portato sul terreno della politica avrebbe invariabilmente perso. Mentre invece se si fosse contribuito a farne una specie di mito popolare, anche in negativo, se lo si fosse esaltato o denigrato come qualcosa di speciale, a questo punto lui sarebbe cresciuto di statura e avrebbe tratto giovamento da questa linea. Quindi D'Alema concludeva: voi dell'*Espresso* non capite niente, se si continua a criminalizzare Berlusconi, si finirà unicamente per rafforzarlo».

Mi confidò Claudio: «Io, riguardo a Berlusconi posso ammettere di avere talvolta esagerato, di aver fatto delle critiche troppo aspre o di non averle motivate in maniera convincente. Però so una cosa per certo: che non esiste in nessuna parte dell'Occidente un partito che abbia come stella polare della propria condotta per un lungo periodo di anni la necessità di dialogare con il partito avversario. Non sarebbe mai stato concepibile che Tony Blair offrisse insistentemente un dialogo ai conservatori inglesi. O che altrettanto facessero Jospin in Francia e Schröder in Germania. Un'altra anomalia italiana questa del dialogo a tutti i costi con l'avversario, con tutte le banalità che poi sull'argomento fiorirono in quegli anni. Che cioè, bisogna essere avversari ma non nemici; che si può governare da soli ma che le riforme istituzionali bisogna farle tutti d'accordo. Stupidaggini che poi si è visto non dare assolutamente alcun risultato, figlia di una cattiva teoria questa del dialogo con l'avversario come priorità assoluta. Certo, se ci si deve scontrare bisogna farlo in maniera intelligente, non faziosa, d'accordo, ma la collaborazione a ogni costo sembrava un suicidio. Anche perché il terreno su cui questa collaborazione doveva avvenire era quello delle grandi riforme. Ora, quelle sono state una cosa rovinosa perché se si parte dal presupposto che le riforme si fanno soltanto quando Berlusconi è d'accordo, si fornisce a Berlusconi un'arma formidabile che è quella di dire: o si fa come dico io o non si fa niente. È quello che puntualmente è successo con la Bicamerale. Berlusconi si dichiarava d'accordo finché le riforme sembravano essere quelle che esattamente lui gradiva, soprattutto sulla giustizia. Quando si è visto che sulla giustizia non aveva proprio il cento per cento di ciò che voleva, ma magari soltanto l'ottanta, lui ha rovesciato il tavolo e ha detto: mi ritiro, queste riforme non le voglio più. Insomma, qualunque accordo con Berlusconi sarà sempre un accordo a suo favore».

Il 21 aprile 1996: l'Ulivo vince le elezioni politiche e il premier Romano Prodi si prepara a governare l'Italia per cinque anni. Berlusconi sembra definitivamente al tappeto. L'artefice principale del disfacimento del Polo è stato Umberto Bossi con il suo ribaltone.

A gennaio vado a trovarlo nel suo villino di Gemonio, quattro case tra Varese e il lago Maggiore. Il *senatur* è accecato dalla rabbia nei confronti dell'ex alleato. Dopo la caduta del suo governo, Berlusconi non cessa di bollarlo come un Giuda passato al servizio dei comunisti. Con qualche ragione. Ma, soprattutto, il Cavaliere gli aveva portato via mezzo partito: in poco tempo il leader del Carroccio aveva perso per strada, tra scissioni di gruppo e dimissioni individuali, quasi il trenta per cento dei suoi parlamentari.

Il Bossi che avevo dinanzi era un uomo che non si perdonava di aver ceduto alla simpatia istintiva che può suscitare Berlusconi. «È la sua forza. Con i modi cordiali riesce a far dimenticare chi sia lui in realtà. Ma la cortesia che esprime è sempre legata all'esaltazione di sé stesso. Ti invita nella sua reggia, ti conduce per i saloni ad ammirare i suoi Canaletto e Raffaello, ti offre la sua amicizia, che però è una richiesta di subordinazione da parte di chi si sente sempre e comunque il padrone.» Quindi Bossi illustra la sua personale teoria sul berlusconismo: «Grazie a Berlusconi il piduismo ha ritrovato una sua forte attualità. La P2 nasce alla fine degli anni Settanta, sostanzialmente come una risposta al consociativismo Dc-Pci. Consociativismo che è stato sì una forma efficace di mediazione sociale e politica tra destra e sinistra, ma anche un formidabile fattore di erosione dello stato dell'economia. A un'analisi giusta fu contrapposta una risposta peggiore del male, maturata, non a caso, all'interno della massoneria deviata, crocevia di interessi illeciti. Licio Gelli propose cioè di sostituire il consociativismo con un ammortizzatore molto particolare: il controllo dell'opinione pubblica attraverso i giornali e le televisioni, una soluzione antidemocratica perché cerca di sostituire i partiti, e di stampo peronista. Berlusconi che, ricordiamolo, è stato piduista della prima ora interpreta perfettamente questo schema».

Bossi mi riferisce due episodi illuminanti sul Berlusconi padre-padrone. La volta che invitato nella reggia di Arcore con tutta la famiglia vide a un certo punto il Cavaliere trasecolare, il celebre sorriso trasformarsi in un ruggito, il cordialissimo ometto di qualche attimo prima trasfigurato in una furia. Era successo che ai due bimbetti dell'Umberto (uno sarebbe diventato celebre: il Trota) era stato offerta della cioccolata e che le dita impiastricciate dei monelli stavano sfiorando pericolosamente l'immacolata superficie dei sontuosi divani. «Mai fidarsi» scosse la testa Bossi ricordando quella inquietante metamorfosi. Poi ci fu il dono per le seconde nozze del leader della Lega: «Un paio di splendidi orecchini». Di un tale imbarazzante valore che la nuova signora Bossi pensò di rispedirli al mittente. «Poi, però, decidemmo di metterli in cassaforte, dove sono rimasti.» Chissà se dopo il ritorno a Canossa della Lega, quei costosi, imbarazzanti gioielli furono finalmente indossati?

11

Mi vergogno, sì mi vergogno

In questa vigilia ripenso a mio padre. Gli devo la parete di libri della nostra biblioteca, la grande tolleranza per le mie derive sinistre e la decisiva spintarella che mi aprirà le porte del giornalismo. Gli devo, soprattutto, il rimorso per non essere stato all'altezza della sua generosità quando ne ebbi l'occasione. Conservo ancora una sua lettera, dolce, dolente: era rimasto toccato, dispiaciuto per una mia iniziativa che sto per raccontare. Non tanto a motivo della scelta che avevo fatto: come sempre mi aveva lasciato libero di prendere le mie decisioni e di commettere i miei errori (purché fossero solo miei). No, lo avevo ferito per superficiale indifferenza: lo avevo tenuto all'oscuro come se fosse un estraneo, non mi ero aperto con lui, non gli avevo chiesto consiglio, lo avevo messo di fronte a una realtà che non condivideva solo a cose fatte. Non me lo sarei mai perdonato.

Colpito dalla cronaca sul Fanfani siculo il regista Roberto Faenza, *enfant prodige* del cinema della contestazione, reduce dal successo di *Escalation* vuole incontrarmi. Mi propone di collaborare alla sceneggiatura di un film di montaggio sui guasti del trentennio democristiano. Si sarebbe intitolato, pensa te, *Forza Italia* (con quindici anni di anticipo su B.). Ci vediamo in un casale affittato da Faenza sulle colline bolognesi: ci sono anche due agguerriti giornalisti di *Panorama*, Carlo Rossella e Chiara Valentini. Partecipe di questa per certi versi stramba avventura c'è anche Marco Tullio Giordana, altro nome di successo nel cinema italiano che verrà. C'è soprattutto Elda Ferri, vero motore dell'impresa, che da quell'esperienza avrebbe tirato fuori il suo talento di grande *producer*. Il film viene realizzato attraverso il montaggio di spezzoni di film Luce e di telegiornali Rai, con il contrappunto di testi ora originali ora inventati di sana pianta (sullo stile che in anni successivi sarà adottato con successo da *Blob* e *Striscia la notizia*). Il risultato è un documentario dal forte impatto satirico: gli uomini della Dc, una volta enucleati dalle pompose liturgie di regime, appaiono come maschere di una politica grottesca. Presentiamo *Forza Italia* al Festival dei popoli di Firenze. Quando nella prima inquadratura appare il presidente della Repubblica, Giovanni Leone, ripreso mentre in visita ufficiale a Livorno si esibisce nel gesto napoletano delle corna agli studenti che lo fischiano, si solleva un boato di risa e applausi. Il film esce nei cinema a metà gennaio del 1978 e gli incassi sono subito eccellenti: nel Paese il clima anti Dc si va consolidando, il pubblico si sente liberato come da una censura interiore e applaude finalmente privo di sensi di colpa. Colpa che invece mi appesantisce il cuore perché sentivo di recitare, furbescamente, due parti in commedia. Ogni giorno mi sforzavo di vergare sul paludato *Corriere della Sera* delle note politiche equidistanti, o comunque tali da non irritare troppo il partito di maggioranza relativa. Cosa mi era saltato in mente, allora, di mettere il mio nome e cognome nei titoli di coda di un pamphlet così fazioso e corrosivo? Forse per tacitarmi la coscienza, decido di invitare a una proiezione privata alcuni esponenti dello scudocrociato, scelti tra quelli che venivano considerati i più favorevoli al cosiddetto rinnovamento della Balena Bianca. Ricordo alcuni nomi: Guido Bodrato, Adolfo Sarti, Guglielmo Zucconi. Da costoro il film fu visionato in un silenzio tombale, che nel buio della saletta percepivo carico di amarezza e umiliazione. Quando ripenso alle facce costernate di quei tre galantuomini al termine della proiezione, e alla velocità con cui scapparono via senza quasi salutare, arrossisco ancora. Sentivo di aver commesso una cattiva azione, ma non capivo bene quale. Qualche tempo dopo una paginata sulla *Discussione*, settimanale della Dc, dal titolo: «*Forza Italia*: film di lor signori che stanno comandando da sempre», fece luce nella mia confusione. Dal sarcasmo dell'occhiello: «Lettera aperta a una vittima dell'infausto trentennio della Dc» mi fu chiaro che il bersaglio dell'articolo ero proprio io. Leggere il sommario fu come ricevere un sonoro ceffone: «Quando cambia il vento, gli opportunisti non cambiano solo la palandrana ma anche la faccia. La storia purtroppo si ripete. Il riciclaggio resta d'attualità». L'autore, Giovanni Gozzer, noto pedagogista, mi rinfacciava di sputare nel piatto in cui avevo mangiato. Non ero forse quell'Antonio Padellaro, allevato in una famiglia di alti e stimati burocrati, protagonisti di brillanti carriere proprio durante l'infausto trentennio democristiano? «Com'è possibile» si chiedeva l'articolista «che avendo alle spalle tutte queste innegabili mura ciclopiche (la famiglia conta in Italia) il nostro abbia provato tante angosciose sofferenze da volerle esprimere con disgusto e rabbia nel suo sceneggiato storico retrospettivo?» Gozzer era andato giù pesante, ma nella sostanza aveva colto nel segno. Non era, però, tanto una questione di opportunismo quanto, diciamo così, di voracità. Ci comportavamo (mi comportavo) come dei ragazzini viziati in un negozio di dolciumi. Assaggiando qua e là, avidi di nuovi sapori. E alla fine non volevamo neppure saldare il conto. La rivoluzione non è un picnic e la lotta politica significa dichiarare guerra a qualcuno, prendere botte, restituirle, farsi dei nemici. Giravamo una pellicola scatenata contro la Dc e pretendevamo che i dirigenti di quel partito ci dicessero: bravi, avanti così. Un colpo al cerchio e uno al nostro narcisismo. A ripensarci forse fui troppo severo con me stesso, in fondo con la nostra sfacciata spericolatezza avevamo messo alla berlina una classe politica che aveva dilapidato in mille lotte di potere, tra malgoverno e corruzione, il patrimonio ereditato da Alcide De Gasperi e dai cattolici democratici. Quei liberi e forti che sotto le bandiere bianche – e non soltanto rosse – ci avevano restituito la libertà dal fascismo e ci hanno regalato la democrazia. Finché il 16 marzo 1978, giorno del rapimento di Aldo Moro, il film *Forza Italia* viene immediatamente smontato in tutte le sale della repubblica, malgrado gli ottimi incassi. Da quel momento in poi il nostro diventa un film clandestino: cancellato, in qualche modo mai girato. Eppure, in una lettera dal carcere delle Br, proprio Moro riferirà di aver visto, poco prima del rapimento, in un cinema del centro di Roma, *Forza Italia*, e di esserne rimasto colpito. In quella pellicola, scriveva, aveva scoperto l'esistenza della impressionante mutazione antropologica della Dc e dei democristiani. Esattamente ciò che noi autori ci eravamo proposti di raccontare.

Il giorno seguente a via Fani, nel Transatlantico di Montecitorio, vengo apostrofato dall'onorevole Bartolo Ciccardini, un Dc di destra che nel '94 si candiderà nella gioiosa macchina da guerra di Achille Occhetto. Mi si rivolge a brutto muso: «Con quel film vergognoso, vi siete resi moralmente complici del terrorismo». Schiacciato dall'enormità dell'accusa, non so cosa rispondere.

Radical chic: nessuno come Tom Wolfe ha saputo descrivere l'atmosfera che negli anni Settanta si respirava in quella sinistra progressista e benestante di cui facevamo, facevo, parte. Resta indelebile la strepitosa scena affrescata dallo scrittore di Richmond. Invitato al party in onore delle Black Panters, le Pantere Nere, offerto da Leonard Bernstein e sua moglie

Felicia nel loro appartamento di Park Avenue, sulla 79ª Strada. «Fu a questa festa che un altro esponente delle Black Panters si alzò accanto al pianoforte nord – nel soggiorno di Leonard Bernstein c'era anche un pianoforte sud – ed enunciò il famoso programma in dieci punti, rivolgendosi a un folto uditorio di celebrità e personaggi del bel mondo che, travolti da un esaltante *nostalgie de la boue*, vagheggiavano un futuro in cui, dopo la rivoluzione, non sarebbero più esistiti appartamenti di tredici stanze su due piani in Park Avenue, con pianoforti a coda gemelli in soggiorno, a uso di una sola famiglia». L'esaltante *nostalgie* non era una prerogativa solo dell'opulenta e ipocrita Manhattan-chic. L'Italia dei salotti che vagheggiava la rivoluzione, non disdegnando di civettare con il terrorismo, non è un'invenzione della destra becera e vendicativa. In quell'epoca di passioni frenetiche e sconsiderate, un certo bolscevismo d'accatto fece la sua apparizione anche nei progetti di intellettuali insospettabili, prestati alla politica. Lo appresi nel maggio del '92, quando intervistai per l'*Espresso* Franco Bassanini, allora deputato del Pds, dopo essere stato radiato dal Psi di Bettino Craxi. Oggetto della conversazione fu l'amico-nemico Giuliano Amato, eternamente in corsa sia per il Colle sia per Palazzo Chigi, dove qualche settimana più tardi sarebbe effettivamente approdato. Bassanini fu prodigo di rivelazioni sulla personalità del dottor Sottile e mi regalò una autentica chicca.

«Siamo nel '76, l'avanzata elettorale del Pci appare inarrestabile. Il regime democristiano è ormai alle corde e la sinistra si prepara al governo. Allora insegnavamo a Firenze, lui Istituzioni di diritto pubblico, io Diritto costituzionale. Per risparmiare avevamo in comune un appartamento in piazza Beccaria che ci subaffittava Roberto Zaccaria, allora assistente di Paolo Barile, in seguito cattedratico e consigliere di amministrazione della Rai [di cui nel '98 diventerà il presidente]. Partivamo in macchina da Roma tutte le settimane. Un lunedì lo passo a prendere sotto casa e lo vedo scendere con una valigetta. La apre e mi mostra due volumi della *Guida Monaci*. "Vedi Franco" dice "noi non dobbiamo commettere l'errore che fece Togliatti nel '46 quando diede un colpo di spugna sulle responsabilità della burocrazia fascista, creando così una continuità che si è mostrata deleteria per il regime democratico. E, quindi, dobbiamo compilare le liste di coloro che spediremo subito in pensione appena la sinistra avrà preso il potere". "Mi proponi delle liste di proscrizione?" replicai scandalizzato. "Chiamale come vuoi" disse con freddezza. Il Giuliano di allora, oltre a essere l'intellettuale finissimo che conosciamo, era una specie di Saint-Just implacabile e marmoreo nelle sue certezze. Lavorammo tre giorni, riempimmo pagine e pagine. L'elenco si apriva con i nomi di Franco Piga e di Vincenzo Milazzo, *grand commmis* democristiani. Seguiva una sfilza di direttori generali, in testa Caponnetto alto burocrate al ministero del Lavoro.»

In quell'intervista Bassanini aprì squarci illuminanti sul cinismo della politica. Sentite questa.

«Devo riconoscere che anch'io fui attirato dalle qualità di Craxi. Allora dirigevo l'ufficio legislativo del Partito socialista. Quando, siamo nell'estate '79, Pertini gli affida il primo incarico di formare il governo, Bettino mi dice: "Il governo non ce lo faranno fare, ma noi stiamo al gioco. Tu in tre giorni mi devi preparare un programma di governo. Mi raccomando: belle parole, molto fumo, sostanza poca". Quel programma fu preparato, piacque a Craxi che mi disse: "Se ce la facciamo, tu naturalmente vieni con me a Palazzo Chigi a fare il sottosegretario". Gli risposi di no, gli spiegai che io ero per l'alternativa e mai avrei fatto parte di un governo con la Dc. S'infuriò: "Ma come fai a credere a quelle stupidaggini sull'alternativa che abbiamo detto per anni? Ricordati che i comunisti italiani sono agli ordini di Mosca".»

E Amato?

«Nell'estate dell'83, Craxi avviò le consultazioni per la formazione del primo governo a guida socialista, tentativo che questa volta riuscì. Come Sinistra Indipendente, con Stefano Rodotà fummo ricevuti in una sala di Montecitorio dal presidente incaricato. Accanto a lui c'erano il capo della segreteria Gennaro Acquaviva e Amato, sottosegretario alla presidenza del Consiglio *in pectore*. Quando mi vide, Craxi mi disse ridendo: "Caro Franco se tu non avessi fatto tutte quelle fesserie saresti al suo posto". E indicò Amato. Ricordo che pensai: Ma io non avrei né le capacità e neppure lo stomaco di Amato.»

12

Disgrazie editoriali

Poi un giorno penso di scrivere un libro, un libretto, che tratti di *Schadenfreude,* la gioia provocata dalle disgrazie altrui e dalla frustrazione indotta dai successi degli amici. Come modello penso a me stesso nel soccombente corpo a corpo con la classifica dei libri, a ogni uscita di una mia fatica letteraria. *Il gesto di Almirante e Berlinguer* era andato piuttosto bene e un anno dopo, il giorno successivo l'uscita di *La strage e il miracolo* (sul fallito attentato all'Olimpico di Cosa Nostra) prendo a tempestare il mio editore.

«Come sta andando?»

«Calma è uscito ieri, i primi dati li avremo tra una settimana. Ma non ho notizie di assalti alle librerie.»

Dopo tre giorni richiamo.

«Allora?»

«Bene, sei già piazzato nella saggistica subito dopo *Cosa fare mentre fai la cacca.*»

Quando smanetto su Amazon non sono nemmeno tra i primi cinquecento.

«Come mai?»

«Ora non ho tempo di rispondere perché stiamo lanciando l'ultimo best seller di Travaglio.»

Per strada vengo intercettato da una simpatica signora *agé* che mi presenta al marito (o facsimile).

«Lo sai chi è questo? Il dottor Belpietro.»

E lui. «Ma certo, sono un suo ammiratore, la seguo sempre in tv, forza non date tregua a questi quattro stronzi di comunisti.»

C'è stato un tempo, come racconta Mordecai Richler, in cui lo scrittore o presunto tale non faceva in tempo a depositare il manoscritto sulla scrivania dell'editore e già costui gli aveva consegnato *brevi manu* la raccomandata con il saldo del libro precedente. Quel tempo è ora.

«Mi devi ancora metà dell'anticipo dell'altra volta.»

«Te lo tolgo dall'anticipo di oggi e così siamo pari.»

Le classifiche librarie non erano ancora il dogma dell'Immacolata. Bastava che una settimana dopo l'uscita non ti avesse ancora chiamato nessuno per complimentarsi e sapevi di essere fottuto. Oggi se vai su Google ti risparmi l'attesa.

Poi comincia il tour delle promozioni. Sento l'editore su di giri.

«Vai al Salone del libro di Torino. Ho dovuto umiliarmi con La Gioia. In cambio ha voluto Travaglio sabato e domenica nella Sala Rossa, quella con mille posti.»

Mi sistemano in un retropalco, «molto riservato», da una cinquantina di seggiole. Dopo che l'altoparlante ha strillato che possono trovarmi nella Sala

Grigia si avvicina un tizio con in mano una copia di un libro che non è il mio.

«Me lo può firmare?»

«Ma io non sono Scanzi.»

«Fa lo stesso.»

Facciamo un *briefing* seduti al bar. Dice la giovane editor che indossa scarponcini blindati: «Il tuo problema è che non hai nemici, vai d'accordo con tutti, chi ti compra se non insulti nessuno? Guarda qui, quando vai in tv i momenti di maggiore ascolto coincidono con X», e il social media manager (un altro che viene pagato per umiliarmi) mostra un tizio dal cranio lucido e barba da hipster. Osservo che X ha l'aria di uno che si prepara alla Notte dei cristalli. «Okay, allora, alza la voce, aggrediscilo, abbandona lo studio.» Ma qui siamo al Salone del Libro, obietto. La editor mi ignora e mentre se ne va dice al Smm con aria rassegnata: «La prossima volta proviamo a pagare una *claque* che lo mandi direttamente 'affanculo, come recensione può funzionare».

A una presentazione in una ridente località della Calabria vengo aggredito da un tizio che mi accusa di qualsiasi cosa. Poiché rappresenta circa la metà del pubblico presente cerco di mostrarmi propenso al dialogo mentre lui mi mostra l'indice. Al temine, mi viene incontro con un sorriso smagliante e propone: «Ci facciamo un selfie?»

Una volta ebbi un folto pubblico. Infatti, l'editore aveva pregato Massimo Fini di presentarmi. Fu gentile, parlò tutto il tempo del suo ultimo saggio su Nietzsche senza mai menzionarmi. Ebbe molti applausi. La volta precedente avevo chiesto la cortesia a un'altra prestigiosa firma, sempre molto disponibile. Eravamo nell'aula magna della Luiss, gremita di matricole, tutte con il pollice verde dello scrittore. La sera prima, se ricordo bene, il mio mentore aveva visto al cinema *Magnolia* e ne fece una recensione entusiastica. Alla fine afferrò il mio saggio, lo agitò per aria come per infondergli un soffio di vita, lesse il titolo che evidentemente non ricordava e con un mirabile salto carpiato riuscì a mettere in relazione non so come Tom Cruise con Totò Riina (era un libro sulla mafia).

Un'altra volta, aspettavo in ambasce in una libreria Feltrinelli che arrivasse il mio illustre presentatore, firma storica del *Corriere della Sera*. Che, con il pubblico già piuttosto storto piomba finalmente in sala, trafelato ma caricato a mille. Si sofferma su una specifica pagina del mio libro che impreziosisce di elogi e di dotte citazioni a corredo. Con una tale trasporto che penso di essermi sottovalutato. Più tardi, a cena, giunti al terzo bicchiere di bollicine gli chiedo di rivelarmi qual è il suo segreto, visto che per la fama di cui gode viene chiamato a presentare una montagna di libri. Li leggi tutti? «Fossi matto», e spiega: «Si prende una pagina, a caso, meglio se verso la fine del volume, si legge, sempre a caso, un capoverso piuttosto denso, mi raccomando ad alta voce come se fosse un passo del Vangelo, e dopo una pausa si dice che per comprendere il significato più autentico e recondito dell'opera bisogna partire da qui, dopodiché s'improvvisa». Esattamente come aveva fatto con me.

Ho vissuto anche giorni esaltanti. Come zompettare da una libreria all'altra di Roma per il firmacopie. La spiegazione è semplice, i librai possono restituire all'editore anche tutte le copie in giacenza, tranne quelle firmate. I librai, che non sono scemi, permettono il firmacopie solo in presenza di acquirenti con il libro in mano. Altri fanno finta di niente per non inimicarsi l'editore. «Firmi pure che se restano invenduti li doniamo a Sant'Egidio per i missionari del Mali.»

Vengo invitato a un giro in Liguria. A Imperia una piccola folla è in attesa. Va tutto bene e al termine si forma un piccola catena di affezionati lettori. Solo che mancano le copie. Protesto ma l'organizzatore s'innervosisce: «Non dovevi portarle tu? Non possiamo pensare a tutto noi».

Mi sottopongono ai talk show del primo mattino. Quelli con un pubblico assonnato che con un occhio guarda il teleschermo e con l'altro vigila sulla moka che non esploda. In studio, un paio di politici di terza fila, più il redattore di un quotidiano online che si firma vice. Chi conduce mostra per un nanosecondo la copertina del mio capolavoro e poi mi chiede se sono favorevole o contrario alla transizione sessuale degli adolescenti. Protesto: «Ma che c'entra?» «È quello di cui la gente parla.»

In un filo diretto radiofonico un collega assai informato mi presenta come un giornalista che ne ha viste di tutti i colori. Sto per addentrarmi sui terribili anni Ottanta, stragi terroristiche e quant'altro ma ecco che: «Abbiamo in linea un ascoltatore».

«Sono Beppe da Talenti. Buongiorno dottor Padellaro e complimenti per la trasmissione. Tutto molto interessante. Vorrei sapere come giudica la campagna acquisti della Roma?»

Una volta mi passano un tale che sostiene di essere mio cugino.

«Mi chiamo proprio come te, Antonio, e telefono da Palermo.»

«Ah, bene e che lavoro fai di bello?»

«Sono disoccupato.»

«Ohi, mi dispiace, e da quanto?»

«Da ventitré anni.»

«Caspita, e cosa fai per vivere?»

«Il lotto clandestino. Posso venire a trovarti?»

«Per carità, no.»

13

Tutto è perdonato

Nell'autunno del 2010, sebbene il giornale abbia preso quota, siamo lo stesso preoccupati. Abbiamo la costante sensazione che, nonostante il crescente seguito, il *Fatto* non sia ancora riconosciuto nei suoi fondamentali: un quotidiano dei lettori, libero, che non fa sconti a nessuno (speriamo). Sospettiamo che il potere politico, quello economico, le istituzioni e le altre testate non ci diano il giusto credito come voce forte e identitaria. Ci considerino, piuttosto, un giornale con un tempo limitato, borderline, che viaggia su buone tirature ma sul punto di esaurire la forza propulsiva. Sto, stiamo, diventando paranoici? I giornalisti, si sa, lo sono per definizione: immaginare torbidi scenari, scovare nemici dappertutto, ordire o essere vittime di complotti. Fatto sta che una sensazione di irrilevanza comincia a serpeggiare, fastidiosa, in redazione.

Nelle riunioni mattutine mi scappa sempre la stessa riflessione: «Sembriamo dei matti. Ce la cantiamo e ce la suoniamo, ma il mondo esterno si renderà conto che esistiamo e che abbiamo qualcosa da dire?»

Un pomeriggio arriva la notizia bomba, quella che stavamo aspettando, bella croccante per la pubblicazione. O quasi. Il bravo Antonio Massari, nostro cronista giudiziario – che un anno prima ha lasciato *La Stampa* per entrare in un giornale che è una scommessa esistenziale – ci avverte che la magistratura di Trani ha aperto un'indagine che coinvolge anche il presidente del Consiglio, Silvio Berlusconi. Antonio piomba in redazione con l'aria del carbonaro, si chiude nella mia stanza e, bisbigliando, mi mostra i suoi appunti. Brani di un'inchiesta della procura pugliese, originariamente avviata sui tassi usurai applicati ad alcune carte di credito, sfociata in ben altro. Da alcune telefonate emergono i ciclici contatti tra l'allora direttore del Tg1, Augusto Minzolini e il Cavaliere. Poi, a cascata, altre conversazioni da cui sembrano emergere costanti pressioni da parte del capo dell'esecutivo sull'Agcom e sull'ex direttore generale della Rai, Mauro Masi. L'obiettivo, più o meno dichiarato, è imbavagliare Michele Santoro, alla guida di *Annozero*. Le intercettazioni sono di straordinario interesse, anche perché contengono una serie tale di battute, provocazioni e insulti da rappresentare uno scoop da sogno. C'è un problema però. Massari sostiene che tutte queste informazioni siano state più che verificate ma che non è in possesso della documentazione che comprovi l'autenticità dell'indagine. Le carte, le carte, le carte: eterna dannazione del nostro mestiere. Antonio ha ricostruito l'inchiesta attraverso fonti che non sono quelle giudiziarie. Sono consapevole che su quella partita ci giochiamo tutto: pubblicando una notizia che poi si rivelasse falsa – la classica polpetta avvelenata – *Il Fatto* collasserebbe colpito al cuore. Se, proprio mentre cerchiamo di crearci una credibilità, incappassimo in un infortunio così clamoroso, saremmo spacciati. D'altra parte, come si fa a tenere nel cassetto un tale fior di notizia?

Trascorro altre notti insonni, sento tutto il peso della mia responsabilità di direttore: pubblico o lascio perdere? In quelle ore travagliate si agita nella mia testa come uno zombie un tragico (per me) episodio avvenuto nel 2005, quando ero appena stato nominato direttore dell'*Unità*. In quei giorni, mi sento letteralmente euforico e preso da altri impegni legati alla nomina guardo distrattamente una serie di proposte che mi vengono sottoposte. Il vicedirettore fa presente che alla commemorazione delle Fosse Ardeatine, l'allora presidente della Regione Lazio Francesco Storace è stato contestato da un sopravvissuto ai campi di sterminio. L'uomo racconta come nel 1941 sia stato fermato, trascinato alla Casa del Fascio e picchiato dal padre del governatore. Senza pensarci troppo, rispondo: «Okay, ascoltiamo l'ex deportato e facciamoci raccontare bene tutto». Intervista piuttosto clamorosa che viene pubblicata con un forte richiamo in prima pagina. L'indomani, mentre siamo impegnati nella riunione di mezzogiorno giunge notizia di una conferenza stampa di Storace, convocata senza preavviso. Non si sa altro. Cosa diavolo succede? Siamo nel pieno della stagione d'oro berlusconiana, a un passo dalle elezioni regionali, e sulla testa del governatore uscente pende lo scandalo «Laziogate». Storace avrebbe chiesto ai suoi tecnici di introdursi nella memoria dell'anagrafe di Roma per verificare l'esistenza di eventuali firme false prodotte a sostegno della lista della Mussolini, sua competitor. Accusa da cui sarà assolto perché il «fatto non sussiste». Il suo rivale a sinistra è Piero Marrazzo. Nei sondaggi, i due viaggiano appaiati, anche se con un leggero vantaggio del giornalista Rai. Per cercare di recuperare e superare l'avversario in extremis, l'uomo della destra ha bisogno di un colpo a sorpresa. Nel primo pomeriggio, assediato da una muraglia di reporter, fotografi e telecamere dichiara di essere stato vittima di una calunnia vergognosa a opera del giornale comunista. Spiega che all'epoca dei fatti richiamati nell'intervista dall'ex deportato, suo padre aveva soltanto 12 anni e viveva a Sulmona. Non c'è alcuna possibilità di equivoco: il reduce, complice l'età avanzata, ha confuso date e, soprattutto, persone. Può anche essersi inventato tutto. Si scatena l'inferno. Vengo sommerso dalle dichiarazioni indignate dell'intero centrodestra, che cavalca al galoppo questo spot elettorale piovuto dal cielo. Tutti, indistintamente, chiedono le mie dimissioni. Anche a sinistra. Ricevo una furibonda telefonata di Veltroni. I contatti con gli azionisti sono gelidi. Un fuoco incrociato che mi lascia tramortito. Esauriti i take d'agenzia in cui si chiede la mia testa, comincia la processione dei colleghi di altri giornali, venuti a rendere omaggio al mio cadavere, ancora caldo. Faccio l'unica cosa ragionevole: un comunicato in cui riconosco l'errore e mi scuso; ricordo che il fraintendimento è stato indotto dalla dichiarazione di un anziano signore il quale, tra l'altro, alla nostra giornalista ha ripetuto dettagli già affermati pubblicamente in occasione della commemorazione delle Fosse Ardeatine, e di cui persino l'Ansa ha dato notizia, però senza scendere nei particolari. Errore che, invece, noi abbiamo commesso. Mi sentivo di merda: nominato al vertice dell'*Unità* da meno di una settimana, stavo per entrare nel Guinness dei primati come il direttore più breve nella storia del giornalismo italiano. Prevedevo l'inevitabile battuta: *l'Unità* giornale fondato da Antonio Gramsci e affondato da Antonio Padellaro. Suonava bene.

Con le ultime energie decido di non arrendermi. Sfido Storace: vediamo tra noi due chi si dimetterà per primo. Alla fine, in questo gran premio dei falliti avrò la meglio: nonostante le pressioni, rimarrò al mio posto mentre lui sarà costretto, l'anno dopo, a lasciare la poltrona di ministro della Salute (dopo essere stato sostituito da Marrazzo in Regione) proprio a causa del Laziogate dal quale, ripeto, uscirà pulito.

Il ricordo di quei giorni mi getta nell'angoscia. Penso a Storace e alle intercettazioni che abbiamo su Berlusconi. Le due vicende si sovrappongono come fili ad alta tensione.

A soccorrermi in quelle ore notturne è una sorta di istinto suicida: lo stesso del giocatore che punta tutto sull'ultima carta estratta dal mazzo. Non è più eccitante ancora del vincere l'opportunità di sfidare la sorte? Ripenso a quanto ho sofferto e quanto mi sono divertito (ma sempre meglio che lavorare). In un rutilante carosello di ricordi mi torna alla mente Sandro Pertini, il grande presidente incline alla bugia propedeutica, all'accantonamento delle verità scomode. Novembre del 1980: catastrofico terremoto dell'Irpinia. Con altri tre colleghi, a bordo di un'auto affittata a Napoli, riusciamo a inerpicarci su su fino a Senerchia, uno dei tanti presepi che sul crinale campano-lucano giacevano accartocciati sotto l'urto delle tremende scosse. I soccorsi ritardavano e il silenzio tombale era rotto dalle urla strazianti dei sepolti vivi e di chi piangeva i morti. D'un tratto preceduto da un frastuono di pale e di vento atterrò nel vicino campo sportivo l'elicottero di Pertini. L'arrivo del vasto e pomposo seguito presidenziale produsse un effetto niente affatto positivo sulla popolazione superstite, che attendeva medici, infermieri e mezzi dei Vigili del fuoco per estrarre le persone da sotto le macerie. E assisteva, invece, alla sfilata di scorte, alamari e doppiopetti. Si udirono, chiari e forti, insulti e proteste. Poi si vide un sasso sfiorare la testa di un dignitario. Pertini, che era lì per portare una parola di conforto capì che le cose si mettevano male. Il corteo fece dietro-front e si affrettò a raggiungere il velivolo. Qualche istante dopo il Presidente Buono volava verso le più sicure retrovie. L'indomani, le cronache di noi inviati sul posto registravano fedelmente l'accaduto. «Fischiato Pertini», annunciò il *Corriere* titolando la mia corrispondenza con spigolosa autenticità.

La sera stessa, discorso a reti unificate del capo dello Stato rivolto a un paese sconvolto dall'alto tributo di vittime e dalla mostruosa inefficienza della macchina dei soccorsi. Pertini agita la pipa furibondo: «Hanno scritto, nevvero, che le brave genti irpine mi avrebbero fischiato. È falso perché invece mi hanno accolto con tanti applausi e con tutto il loro calore». L'appello televisivo ebbe ascolti altissimi e della contestazione al presidente nessuno osò più parlare. Anche sul *Corriere* non se ne fece più cenno.

Mentre sfogliavo le pagine della mia vita mi sorpresi a sorridere nel ricordare il karaoke di Flavio Carboni, il faccendiere coinvolto nel sequestro e assassinio di Roberto Calvi a cui, proprio mentre se la spassa ai domiciliari dopo la morte del numero uno del Banco Ambrosiano, chiedo un'intervista. Nel villone dell'Eur dove trascorre gli arresti domiciliari mi riceve mentre, con il parrucchino di traverso, si esibisce cantando una hit di Lucio Battisti: «Acqua azzurra acqua chiaraaa».

Nel mio testamento della memoria un posto d'onore merita Maria Angiolillo, vedova del fondatore del quotidiano *Il Tempo* e famosa per il suo salotto romano: lo sfarzoso villino che affaccia su Trinità dei Monti celebrato come il ritrovo preferito da politici, giornalisti e imprenditori che contano. L'idea è del direttore dell'*Espresso*, Giulio Anselmi e quel giorno una diplomazia sottile e preoccupata mi precede fin sull'ingresso del villino Giulia. È un pomeriggio di mezza estate, tra palme, oleandri, camerieri silenziosi e persiane spalancate sulla città ardente. Maria

Angiolillo mi scruta con sguardo cortese e saettante: «Io non concedo interviste». Spengo deluso il registratore. «Cos'ha contro le interviste?» «Nulla, ma preferisco il giornalismo serio, quello che non si intromette nella vita del prossimo.» Penso: casca male. Mi guardo intorno: panciute seggiole stile impero, cuscini imbottiti, *trumeau*, onice e alabastri a volontà. Comincia a parlarmi del defunto marito e di come si raccomandasse sempre: «Prudenza, mia cara, prudenza, meno si parla di noi meglio è». Come supremo modello di eleganza cita la principessa Isabella Colonna, «donna di elevati valori» che all'inizio degli anni Sessanta apriva i saloni di palazzo Colonna alla nobiltà nera e alla meglio società. Il registratore torna a lampeggiare: «Un'aristocratica piccola, meravigliosa, dal francese melodioso, ma guai a ritardare di qualche minuto e non riceveva le donne divorziate». Maria Girani, vedova Angiolillo sorseggia acqua ghiacciata e mi racconta un sacco di balle intrise nel miele. Umberto Bossi? «Si è comportato benissimo.» Roberto Calvi? «Non sapevo che fosse della P2.» Licio Gelli? «Non lo conosco.» Giulio Andreotti? «Uno degli amici più cari.» Massimo D'Alema? «Molto riservato.» Walter Veltroni? «Molto competente.» Silvio Berlusconi? «Era a cena qui da me e si spensero le luci. Lui chiede dov'è il contatore, sale al piano di sopra e sistema tutto.» Romano Prodi? «Sbagliò data e si presentò con ventiquattr'ore di anticipo. Lo ricevetti in vestaglia.» Si descrive come una donna sola, indifesa che dopo la scomparsa dell'augusto consorte ha dovuto appoggiarsi a personaggi influenti.

A parte le cene con gli amici di sempre vengono organizzate delle colazioni riservatissime, a pagamento, dove periodicamente i potenti – ministri, segretari di partito, banchieri, porporati – si accordano, stipulano alleanze, nominano direttori di giornale, fanno e disfano governi. Intrighi di cui lei giura di non sapere nulla: una volta sistemati gli ospiti chiude la porta e si allontana discretamente. Massonerie all'opera? «Sì», ammette ma nel senso di un'unica grande loggia fondata sulle relazioni e sugli interessi.

Questa era (ed è) l'Italia.

Quel giorno al *Fatto* sono in attesa di una qualsiasi reazione alla notizia di Massari. Temo il silenzio, quello che suggerisce essere stato il nostro scoop una bufala e che prelude la tempesta. La lieta novella arriva attraverso il sito di *Repubblica*, che riprende la notizia del *Fatto* riportando l'indagine pugliese. Stappiamo lo champagne: anche i grandi giornali cominciano a darci credito.

Le mie ansie sono destinate a ripetersi l'anno successivo quando Marco Lillo è l'autore di uno scoop di rilevanza mondiale: l'ira di Dio, e il caso di dire. Riesce, infatti, a entrare in possesso dei documenti che dimostrano come in Vaticano stia divampando un'accesa lotta di potere: culminata, nel febbraio 2013, con le dimissioni di papa Benedetto XVI e proseguita successivamente sotto papa Francesco con lo scandalo Vatileaks. Tra le carte di Lillo c'è anche una specie di velina a uso interno. C'è scritto che un cardinale, durante un viaggio in Cina, si è confidato con le autorità di Pechino. Ha spiegato che il pontefice tedesco sta per morire, che non finirà il suo mandato, che una guerra feroce divampa nella Curia, più altre delizie del genere. Lanciamo la notiziona collegandoci con Michele Santoro e *Servizio pubblico*, allora in onda su internet e una rete di emittenti locali, oltre che su Sky. Tratteniamo il respiro. La sera stessa ci mettiamo in contatto con padre Federico Lombardi, per avere una dichiarazione. «Siete degli irresponsabili e ne pagherete le conseguenze. È tutto falso», e chiude il telefono in faccia a Lillo. La smentita sembra pesante ma andiamo avanti. I fatti confermeranno che avevamo ragione: la stessa Sala stampa vaticana si vedrà costretta ad ammettere che quei documenti erano effettivamente stati trasmessi al pontefice.

Una scommessa ancora più rischiosa è quando decidiamo di puntare sul caso Ruby, lo scandalo politico deflagrato con le rivelazioni di Ruby Rubacuori, al secolo Karima El Mahroug. Scopriamo la gustosa pentola del *bunga bunga*, il rituale sessuale che l'allora premier avrebbe appreso direttamente dal leader libico Gheddafi. Nell'ottobre del 2010, Gianni Barbacetto, altro cavallo di razza del *Fatto*, mi telefona da Milano: «C'è una storia strana, mi hanno raccontato che Berlusconi è nei guai con una minorenne. La ragazza minaccia uno scandalo. È sotto la protezione di Lele Mora che, pensa te, avrebbe avviato le pratiche per adottarla». Vicenda scottante assai che Gianni verificherà mille volte prima di scrivere. Decidiamo di pubblicare la notizia, a metà. Sono io che sbaglio. Gli scoop, se sono tali, si sparano a tutta pagina. Meglio, altrimenti, rinunciare. In questo caso scelgo la mezza misura. La storia appare in prima pagina, in un richiamo abbastanza visibile ma non nel titolo di apertura, quasi a fare intendere che neppure noi ci crediamo fino in fondo. La notizia è talmente autentica che finirà col travolgere Berlusconi. Dopo quel timido avvio nessuno può fermarci. Ci sono tutti gli ingredienti in quantità industriale: sesso, potere, soldi. Una miscela atomica con qualche controindicazione. Dal caso Ruby in poi si produrrà una overdose erotico-pruriginosa nell'informazione italiana: da Noemi Letizia, alla D'Addario, alle Olgettine. L'impennata dell'adrenalina farà lievitare le copie in misura tale che quando la situazione tornerà alla normalità tutti ne subiranno il contraccolpo. Il romanzo berlusconiano drogherà stampa e tv creando un'assuefazione comoda e pericolosa: ogni giorno avremo materiale in eccesso per nutrire curiosità e morbosità di milioni di lettori. Le notizie arrivano quasi in automatico, aggiungendo ogni volta particolari incredibili al già incredibile stile di vita della corte di palazzo Grazioli. Il mondo ride di noi. Dalla Corea all'Alaska. Dappertutto nel globo i nostri connazionali vengono accolti da una specie di sghignazzante esperanto: «Ah, ah italiano, Berlusconi, *bunga bunga*».

«E alle tre del mattino mi sembra di camminare per la Grand Central Station» scrive John Cheever nel diario, 1956. «E il fermaglio della valigia si rompe, rovesciando per terra il contenuto della mia vita e cosa troviamo?» Nella mia valigia per terra trovo consigli sparsi tratti dal monologo del film *The Big Kahuna* di John Swanbeck. «Fa' una cosa, ogni giorno che sei spaventato. Canta. Non essere crudele col cuore degli altri. Non tollerare la gente che è crudele col tuo. Lavati i denti. Non perdere tempo con l'invidia. A volte sei in testa. A volte resti indietro. Ricorda i complimenti che ricevi, scordati gli insulti. Se ci riesci veramente, dimmi come si fa. Conserva tutte le vecchie lettere d'amore, butta i vecchi estratti conto. Rilassati. Sii gentile con le tue ginocchia, quando saranno partite ti mancheranno. Fai in modo di ballare con Paola, la donna che ami, al settantacinquesimo anniversario di matrimonio. Comunque vada non congratularti troppo con te stesso, ma non rimproverarti neanche. Goditi il tuo corpo. Usalo in tutti i modi che puoi. Senza paura e senza temere quel che pensa la gente. È il più grande strumento che potrai mai avere. Balla. Tratta bene i tuoi fratelli. Sono il miglior legame con il passato e quelli che più probabilmente avranno cura di te in futuro. Renditi conto che gli amici vanno e vengono. Ma alcuni, i più preziosi vanno e vengono. Sii cauto nell'accettare consigli, ma sii paziente con chi li dispensa. I consigli sono una forma di nostalgia.»

Nella mia valigia spalancata come una bocca sdentata e ghignante trovo anche Woody Allen: «La mia storia è basta che funzioni, insomma basta non fare del male a nessuno. Basta rubacchiare un tantino di gioia in questo crudele uomo-mangia-uomo inutile e buio caos». Dentro una fodera c'è anche una vecchia maglia della Roma e il ricordo abbagliante della prima volta che mi affacciai sullo splendore dell'erba dell'Olimpico. Per poi provare quel sentimento solitario che nel volgere di un attimo può illuminarti e poi trafiggerti quindi trafiggerti e poi illuminarti, parte di un'oscura e insieme radiosa cerimonia interiore che non può essere spiegata. Esiste e basta. È una pulsione universale, forse il solo linguaggio autentico che ci accomuna su questa terra. Parafrasando una celebre frase di Alfred Hitchcock sul cinema, il calcio è la vita senza le parti noiose. Perché noi siamo quelli che traggono ispirazione anche da un fallo laterale.

Sì, mi sono divertito ma la festa è finita da tempo. Il pianeta cartaceo si sta rapidamente sgonfiando sotto i colpi implacabili della rete e del disinteresse. Ancora qualche anno e le vecchie redazioni non esisteranno più come sistema pensante. E l'idea del giornale come idea del mondo rimarrà in una forma estremamente elitaria e con numeri sempre più piccoli. Mi sento come il sopravvissuto di un pianeta che progressivamente scompare. Scorrono i titoli di coda e si vede un giovane uomo che a bordo di una fiammante Alfa Romeo percorre, al tramonto, le strade della Maremma che conducono al mare. L'indomani, sul *Corriere* uscirà un suo articolo di pregio: il mitico fogliettone di terza pagina. Dai finestrini aperti sulla sera egli respira il tiepido profumo del successo. E tutto sembra andare bene.

Quella notte resto come in preghiera davanti al computer in attesa che le e-mail con le pagine di Charlie *com-*

*paiano per poi moltiplicarsi come i pani e i pesci. L'ansia mi afferra alla gola: cosa ci sarà nella «maledetta» copertina di cui nulla sappiamo e di cui tutto temiamo? Attenzione, ecco che compare sullo schermo un'immagine frammentata, scomposta che si ricompone a scatti: mi sento come un giocatore di poker che lentamente spizza le carte per l'ultima mano. «Cazzo, ma quella non è la barba del Profeta?» balbetto con un senso crescente di terrore. «E quella cos'è? Una lacrima?» L'immagine di Maometto non lascia dubbi: sta piangendo. Ora la copertina è leggibile, il loro Dio è triste e tiene tra le mani un piccolo cartello dove c'è scritto: «*Je suis Charlie*». Il titolo è meraviglioso:* Tout est pardonné. *Respiro. Sto per fare la mia ultima scelta ma, forse, siamo salvi. Tutto è perdonato.*

Indice

Finito di stampare presso Grafica Veneta S.p.A.
Via Malcanton, 2 – Trebaseleghe (PD)
Printed in Italy

PEFC
PEFC/18-31-226
Certificato PEFC
Questo prodotto è realizzato con materia prima da foreste gestite in maniera sostenibile e da fonti controllate
www.pefc.it

GRAFICA VENETA
GV CARBON NEUTRAL

Questo libro è fabbricato da Grafica Veneta S.p.A.
con un processo di stampa e rilegatura certificato 100% carbon neutral
in accordo con PAS 2060 BSI